王士祥 著

凤鸣朝阳

——成语中的动物

海燕出版社

·郑州·

图书在版编目（CIP）数据

凤鸣朝阳：成语中的动物 / 王士祥著. —郑州：海燕出版社，2023.6
ISBN 978-7-5350-9115-4

Ⅰ.① 凤… Ⅱ.① 王… Ⅲ.① 汉语–成语–通俗读物 Ⅳ.① H136.31–49

中国国家版本馆CIP数据核字（2023）第007240号

凤鸣朝阳——成语中的动物
FENGMING ZHAOYANG—— CHENGYU ZHONG DE DONGWU

出 版 人：李 勇	美术编辑：李 琳
选题策划：李道魁	责任校对：李红彦
项目统筹：韩 青	吴长凤
责任编辑：高 天	责任印制：邢宏洲
刘学武	装帧设计：李 琳

出版发行 海燕出版社

　　　　地址：郑州市郑东新区祥盛街 27 号　邮编：450016
　　　　网址：www.haiyan.com
　　　　发行部：0371-65734522　总编室：0371-63932972

经　销　全国新华书店
印　刷　河南瑞之光印刷股份有限公司
开　本：700毫米×1000毫米　1/16
印　张：12.5
字　数：172 千字
版　次：2023 年 6 月第 1 版
印　次：2023 年 6 月第 1 次印刷
定　价：35.00 元

如发现印装质量问题，影响阅读，请与我社发行部联系调换。

前　言

　　一直以为成语就是一种常见的语言现象，从形式上来看无怪乎简洁精辟的定型词组。真的细心去品读时，才发现其中别有洞天，几乎每一个成语都由一段故事沉淀而成，其中有太多的文化内涵。所以，学习成语，提高的不仅是表达能力、语言技巧，更是换个角度接受中华优秀传统文化的浸润。在这本小书中，涉及的成语将近 1000 个，涉及的各种文献近 300 种，就从这两个数字或许您就会意识到小成语背后的大文化。

　　我们喜欢用经、史、子、集对历史文献进行分类，这本书中用到的经部文献主要有《周易》《礼记》《左传》《诗经》《论语》《尔雅》《孟子》《说文解字》。尤其是《左传》，竟有11个成语出自其中，比如"马首是瞻""狼子野心""老鹤乘轩"等。可能因为这些成语，原本让人望而生畏的《左传》也有了一定的吸引力和亲切感。史部和子部是成语出处的主要文献，比如书中涉及的史部著作有《史记》《汉书》《后汉书》《三国志》《晋书》《宋书》《梁书》《北史》《北齐书》《隋书》《旧唐书》《新唐书》《新五代史》《明史》，这些书都是在"二十四史"之列的；涉及的子部有《管子》《孙子兵法》《晏子春秋》《荀子》《墨子》《列子》《庄子》《韩非子》《淮南子》《抱朴子》《刘子》《郁离子》等，其中更是有19个成语出自《庄子》，这不能不让我们惊叹庄子讲故事的能力。集部就更不用说了，大家应该能够感受到杜甫、白居易、柳宗元的影子，成语不管是出自这些人的诗也好文也罢，自然会和他们的"集子"有关。此外，书中所列的一些成语还出自我们熟悉的"四大名著"，当然也有我们比较陌生的文献，如《法苑珠林》《景德传灯录》《五灯会元》，这就属于禅门文献了。

　　为什么说学习成语是换个角度接受中华优秀传统文化的浸润呢？我在

前　言

　　一直以为成语就是一种常见的语言现象，从形式上来看无怪乎简洁精辟的定型词组。真的细心去品读时，才发现其中别有洞天，几乎每一个成语都由一段故事沉淀而成，其中有太多的文化内涵。所以，学习成语，提高的不仅是表达能力、语言技巧，更是换个角度接受中华优秀传统文化的浸润。在这本小书中，涉及的成语将近 1000 个，涉及的各种文献近 300 种，就从这两个数字或许您就会意识到小成语背后的大文化。

　　我们喜欢用经、史、子、集对历史文献进行分类，这本书中用到的经部文献主要有《周易》《礼记》《左传》《诗经》《论语》《尔雅》《孟子》《说文解字》。尤其是《左传》，竟有11个成语出自其中，比如"马首是瞻""狼子野心""老鹤乘轩"等。可能因为这些成语，原本让人望而生畏的《左传》也有了一定的吸引力和亲切感。史部和子部是成语出处的主要文献，比如书中涉及的史部著作有《史记》《汉书》《后汉书》《三国志》《晋书》《宋书》《梁书》《北史》《北齐书》《隋书》《旧唐书》《新唐书》《新五代史》《明史》，这些书都是在"二十四史"之列的；涉及的子部有《管子》《孙子兵法》《晏子春秋》《荀子》《墨子》《列子》《庄子》《韩非子》《淮南子》《抱朴子》《刘子》《郁离子》等，其中更是有19个成语出自《庄子》，这不能不让我们惊叹庄子讲故事的能力。集部就更不用说了，大家应该能够感受到杜甫、白居易、柳宗元的影子，成语不管是出自这些人的诗也好文也罢，自然会和他们的"集子"有关。此外，书中所列的一些成语还出自我们熟悉的"四大名著"，当然也有我们比较陌生的文献，如《法苑珠林》《景德传灯录》《五灯会元》，这就属于禅门文献了。

　　为什么说学习成语是换个角度接受中华优秀传统文化的浸润呢？我在

品读这些成语的过程中发现，很多成语是蕴含着智慧的。我们用例子说明，"石牛粪金"这个成语出自《刘子·贪爱》，原本讲的是秦惠王兼并蜀国的故事，这里告诉我们几个层次的意思。首先从秦惠王的角度说，蜀国本来难以攻占，但是通过这头石牛实现了开疆拓土的愿望，说明解决问题的办法总比问题本身多，所以在解决问题之前要充分发挥主观能动性。再从蜀王的角度讲，君子爱财取之有道，不是所有的财都能成为福，福祸相依，这是一个永恒的命题。而且对于一个人来说，爱财可以，但不能贪财，因为一旦产生了贪念就会降低警惕性，问题自然接踵而至，最常见的是为了占个小便宜，结果反而吃了大亏。像这样充满智慧的成语还有很多，大家可以通过阅读慢慢了解。

除了智慧性之外，成语最大的特点就是趣味性，这是和成语背后的故事紧密相关的。这一点在与《庄子》相关的成语中体现最为明显。《庄子》本来是一部哲学著作，有着高深莫测的道家智慧，也就是说庄子在书中是讲道的。但什么是道？看不见摸不着，说者不好说，接受的人恐怕也容易丈二和尚摸不着头脑。于是，庄子便采用寓言故事来讲，通过超常的想象力构造了一个奇特的形象世界，这就是刘熙载在《艺概》中所说的"意出尘外，怪生笔端"。当然，这些有趣的故事也增强了《庄子》一书的文学性和可读性，让普通读者对它也不再望而却步了。

从体例上来说，这本书与《白猿时见攀高树——宋词中的动物》的结构相近，大体包括例词、注释、小档案、成语飞花、正文、主要引用文献、后记，其中《主要参考书目》也是随这次《前言》《后记》新加的。

总之，这是一本值得阅读的小书，具有知识的丰富性和趣味性，对于读者表达能力的提高有积极帮助。不过，在编写中可能会出现纰漏，敬请读者不吝赐教！

王士祥

壬寅岁末书于知退斋

○ 目 录

沐猴而冠

原意指猕猴戴帽子，外表装扮得虽然很像人，但仍然掩盖不了猴子的本质。经常用来讽刺人面兽心或窃据名位的人。

【出处】

西汉司马迁《史记·项羽本纪》："人言楚人①沐猴而冠耳②，果然③。"

① 楚人：楚地的人，这里专指项羽。

② 耳：语气词，没有实际意思。

③ 果然：真的是这样。

【小档案】

猴，哺乳纲，灵长目，猴科。种类很多，栖息环境广泛，多群居山林之中。性机警，视觉、听觉灵敏，大脑发达，拇指灵活，行动敏捷，善于攀登跳跃，喜欢群体生活。多以植物的幼芽、叶子、种子及果实为食物，有时也采食鸟卵和雏鸟。属国家保护动物。

【成语飞花】

弄鬼掉猴：比喻调皮捣蛋。出自曹雪芹《红楼梦》第四十六回。

杀鸡骇猴：比喻通过惩罚一个人的办法来警示别的人。出自李伯元《官场现形记》第五十三回。

猕猴骑土牛：形容人在仕途上晋升缓慢。出自陈寿《三国志·魏书·邓艾传》。

猴子是人们常见的一种动物，它们在进化的历史上和人类有着密切关系。在动物学上，猴子属于哺乳纲中的灵长目。它们有比较高的智商和非常强的模仿能力，像人类一样具有喜怒哀乐等丰富的表情。事实上，灵长目又可以划分为很多小类，叫作"科"，我们所常见的猴子划为其中的猴科。这些猴子又根据它们自身的某种特点，被命名为滇金丝猴、平顶猴、长尾猴等，其中的很多种已经被列为国家一级保护动物。猴子喜欢集体活动，数量从几十只到几百只不等，它们往往结成严密而等级分明的群体，由一只身体健壮的公猴率领。

大凡见过猴子的人都知道，它们活泼好动、动作敏捷，喜欢玩耍甚至打架。它们靠着自己敏捷的身手，采摘各种果子、树叶、种子充饥，有时也采集鸟卵或捕捉昆虫及幼鸟作为食物。《西游记》不仅让我们充分领略了猴子的各种情态，更让我们欣赏到了大闹天宫美猴王的广大神通，以至于我们的开国领袖毛泽东也在《七律·和郭沫若同志》中说"金猴奋起千钧棒，玉宇澄清万里埃"，着力对这位大闹天宫的英雄进行了歌颂。

任你翻开任何一本成语词典，你会发现其中和猴子有关的成语还是不少的，而这些成语又往往包含着不同的含义。比如，我们都知道猴子捞月亮的故事，也就是成语所说的"猴子捞月"或"水中捞月"，比喻愚昧无知或白费力气。出自佛教典籍《法苑珠林》：过去有一个伽尸国，国内有一片人迹罕至的树林，里面住着一群猕猴。一天，猕猴看到树下的井中有个东西在晃动，仔细一看，原来是月亮，于是着急了。猴子头儿赶紧召集所有的猴子，商量怎么把月亮救出水井，这样就不至于晚上到处一片黑暗了。大家一筹莫展，还是猴子头儿聪明，它说："我拉着树枝，其中一个拉着我的尾巴，然后别的再拉着下一个的尾巴，就这样我们连到一起，不就够着井里的月亮了？"大家伙儿一听，是个好主意，于是马上行动。就在马上要碰到水面时，树枝"咔嚓"一声断了，所有的猴子叽里咕噜全掉到了井里。这个故事比喻庸人自扰，甚至容易招来祸患。

在《庄子》这本书里，有一篇《徐无鬼》，其中有一个《猴子搏矢》的故事。故事是这样的：吴王乘船在长江中游玩，长江中有一座山，山上住了很多猴子，所以人们习惯称之为猴山。当猴子们看到吴王一行人登到山上时，都很害怕，"唧唧"地叫着逃进了树丛里。这时大家看到一只猴子大摇大摆、从容不迫地跳来跳去，好像在故意卖弄，完全把吴王他们当成了普通观众。吴王也不客气，张弓搭箭对着这只猴"嗖"的就是一箭，没想到猴子真有本事，竟然灵巧地接住了。吴王一看，更不客气了，命令随行的士兵"一起射"。大家可想而知，猴子的下场悲催了，哪能接得住那么多一起射来的箭，一会儿就变成"刺猬"了。吴王很感慨，对身边的朋友说："这只猴子本意是嘚瑟自己的灵巧，骨子里透着骄傲，结果它也没想到会死得这么酸爽。哎，每个人都应该引以为戒啊，千万不要拿你的神气去向别人炫耀哦！"后来人们就用这个寓言形容喜欢卖弄聪明、表现自己，结果说不定是会吃亏的。

每个成语的背后几乎都有一个精彩的故事，就像我们前面举到的两个，很有意思，也很有教育意义，不过我觉得，大家最熟悉的和猴子有关的成语故事大概要数《杀鸡骇猴》和《朝三暮四》了。

从前有个秀才，家中喂养了几只鸡和两只猴子。刚开始的时候，它们倒还安宁，可是到了后来，两只公鸡为了向同一只母鸡争宠而反目成仇，经常在院子里打架，闹得鸡毛乱飞；而那两只猴子呢，也为了争夺食物和讨秀才的喜欢，互相打斗，甚至还打坏了秀才的一些用具。作为读书人的秀才原本是喜欢清静的，可现在倒好，整天见到鸡飞猴跳。于是，他就用树枝打鸡，结果鸡飞到墙上或树上继续打架；用棍子吓唬猴子，猴子赶紧逃窜，而且闹得更欢了。秀才忍无可忍，就捉住一只公鸡，当着猴子和其他鸡的面，一刀下去把鸡杀了。猴子一看主人来真的，非常害怕，浑身哆嗦起来，从此再也不敢胡闹了。这个成语就是"杀鸡骇猴"，也叫"杀鸡儆猴"，后来人们用它比喻通过惩罚一个人，使其他人害怕，而不敢随便去做某种事情。

　　庄子是中国古代伟大的哲学家，在《庄子》一书里，就是我们前面举例提到的那本书，有一个《朝三暮四》的故事：宋国有一个养猕猴的老头儿，因为与猕猴整天生活在一起，所以非常了解它们的心思和生活习惯。平时，老头儿喂猴子的食物总是早上多晚上少，突然有一天，老头儿告诉猴子说："从今天开始，早上给你们三个橡子，晚上再给你们四个，够吃不够？"猴子一听，非常愤怒，又跳又叫。老头儿赶紧改口说："既然不行，这样吧，早上四个，晚上三个，这总该够吃了吧？"猴子对老头儿的这个决定非常满意，于是安静地蹲在地上表示接受这个"合理"的决定。聪明的人都知道，老头儿并没有从总数上增加一个橡子，只是顺应了猴子早多晚少的心理习惯罢了。后人用"朝三暮四"来比喻一个人的行为反复无常却没有实质性改变。

　　形容有权人倒台后，原来追随服侍他们的人跟着散伙，叫作"树倒猢狲散"；形容一个人面目瘦削丑陋，叫作"尖嘴猴腮"；比喻一个人的行动没有自由，叫作"猢狲入布袋"；人们习惯把阵亡的将士或者死于战乱的人叫作"猿鹤虫沙"；比喻人穷困时急于寻找栖身的地方，叫"穷猿奔林"；比喻原本打算损害别人，结果反倒害了自己，叫"亡猿祸木"。像这样的成语还有很多，我们就不再一一列举了。

马首是瞻

古代打仗的时候，士兵看着主将的马头决定进退或行动的方向。后来比喻服从指挥或乐于追随某人。

【出处】

出自《左传·襄公十四年》："荀偃①令曰：'鸡鸣而驾②，塞井夷灶③，唯余④马首是瞻。'"

① 荀偃：人名，春秋时晋国的大夫。

② 鸡鸣：鸡叫的时候，指第二天早晨。驾：驾好战车。

③ 夷灶：夷，填平；灶，古代行军打仗时在地上挖的用来放锅做饭的灶坑。

④ 余：第一人称代词，相当于今天的"我"。

【小档案】

马，哺乳纲，奇蹄目，马科，分家马和野马。性机警，善奔跑，四肢发达，体格健壮，耐力持久，有鬣毛和鬃毛。中国家马主要包括蒙古马、伊犁马、河曲马、三河马。现存野马为普氏野马，多结小群活动，濒临灭绝，是国家一级保护动物。

【成语飞花】

马革裹尸：形容英勇作战，献身疆场。出自范晔《后汉书·马援传》。

马耳东风：比喻对别人的话无动于衷。出自李白《答王十二寒夜独酌有怀》。

车殆马烦：形容旅途劳顿。出自曹植《洛神赋》。

马是哺乳纲奇蹄目马科马属动物，它们在这个地球上存在的时间，比人类社会的形成还要早。在我们每个人的印象中，马总是高大健壮、善于奔驰的草食动物。但古生物学研究表明，最初的马像今天的狐狸，很迷你，身高一尺左右，短短的脖子，没有鬃毛，背部有驼峰一样的东西，而且还有五个脚趾。后来随着环境的变化和生存的需要，它们逐渐演化成了今天的样子，并且逐渐从野生动物走进了人们的生活中。

自古以来，马就是人类生活和生存的重要伙伴，我们不仅能够在猎场上看到它们矫健的身姿，而且能够在沙场上见到它们骁勇的身影，这大约就是南宋著名词人辛弃疾在《破阵子》里所说的"马作的卢飞快"，读过《三国演义》的人也不会忘记"人中吕布，马中赤兔"这句话，或许你还知道《泥马渡江》的故事！

可以说，马和成语的关系相当密切，关于马的成语很多。如比喻富有经验的人对情况很熟悉，能起引导作用，叫"老马识途"；形容繁华热闹，叫"车水马龙"；比喻工作成绩突出，叫"汗马功劳"；形容事前做好了充分的准备工作，叫"厉兵秣马"；形容看事物不仔细，粗枝大叶，叫"走马观花"；比喻气氛沉闷，叫"万马齐喑"；形容才思自由敏捷，叫"天马行空"；形容天下太平，叫"散马休牛"；比喻在没有别人协同的情况下单独行动，叫"单枪匹马"；形容时间迅速地流逝，叫"白驹过隙"；比喻年龄虽然老迈仍壮志在心，叫"老骥伏枥"；比喻贪求安乐，叫"驽马恋栈"；比喻到了危险或关键的时候及时醒悟，叫"悬崖勒马"；形容话一出口就无法收回，叫"一言既出，驷马难追"；形容山路险隘难行，叫"束马悬车"；形容不伦不类的东西，叫"非驴非马"；比喻才思敏捷，很快能写出好文章，叫"倚马可待"；比喻事物之间毫不相干，叫"风马牛不相及"；比喻选出先进人物以带动全体，叫"率马以骥"；比喻能力差的人只要坚持不懈，同样能够达到目的，叫"驽马十驾"；形容声势浩大，叫"万马奔腾"。此外，我们把危害集体的人叫作"害群之马"，把从小一起玩的朋友叫"青梅竹马"，把疲惫不堪的情况叫作"人困马乏"。

我们来讲几个和马有关系的成语故事。在《后汉书》中有一个《马不入厩》的故事，故事的主人公叫张奂。张奂是敦煌渊泉人，也就是今天甘肃玉门人。汉桓帝永寿元年（155），张奂出任安定属国都尉。刚到任的时候，南匈奴派兵侵扰，张奂的兵力赶不上南匈奴，便联合东羌人一起对付南匈奴。结果逼得南匈奴来进犯的七千人投降，边境自然安定了。羌族首领对张奂感恩戴德，便主动献给张奂二十匹马。张奂当面收下了，然后叫来主簿，当着送马人的面说："不管马大小如何，哪怕像羊一样大，也不要牵入我的马圈。"接着命令主簿把马匹还给了羌人。我们可以想一下，谁不敬重清正廉洁的官吏？可是以前羌人遇到的八任都尉一个赛着一个贪得无厌，所以羌人对他们很厌恶。他们通过送马发现，张奂与众不同，以身作则，廉洁公正，于是对张奂更加恭敬。后来的人就用这个成语来形容官吏廉洁。

大家听说过《马肝大毒》这个故事吗？《雅谑》这本书记载着这个故事。有个人说："马肝毒性很大，人吃了会被毒死的，所以汉武帝说：'文成将军因为吃了马肝而死。'"这话正好被路过的迂公听到了，大声反驳说："你这简直是胡说八道，如果有毒，马肝一直在马肚子里，为什么马活得好好的呢？"此人一听，就戏弄说："马活不到一百岁，你知道是为什么吗？就是因为有肝的缘故。"迂公觉得有道理，正好家里养着马呢，到家里不管三七二十一就把马开膛破肚了，结果把肝掏出来以后，马就一命呜呼了。迂公扔下刀，不断感叹地说："我信了，这回我真信了！马肝真的是毒啊，我都把肝挖掉了，马还是死掉了，这要是留着，马肯定更活不了啊！"大家是不是觉得，迂公真的很迂腐呢？这个故事告诉我们，每件事情都有存在的条件和规律，不分青红皂白而贸然行动，一定会导致意想不到的严重后果。

　　根据《古史考》的观点，马作为交通工具是从夏禹时期开始的。马在古代还是身份的象征，也是国力强盛与否的标志，当我们看到"千乘之国"的时候，应该知道它指的是一个国家国力强盛；这里的"乘"是"四匹马驾一辆车"的意思。洛阳有个地下博物馆叫"天子驾六"，又比如"驷马高车"本身就是指身份显贵。熟悉乐府诗的读者恐怕都知道《陌上桑》的故事：里面的女主人公罗敷因为貌美而遭到"五马太守"的纠缠，"五马"表明了太守身份的高贵。罗敷为了拒绝太守的无理要求，机智地"警告"太守，自己不仅有丈夫，而且自己的丈夫地位显赫。罗敷在夸赞丈夫的时候，也提到了马，那就是"白马从骊驹"。终于，罗敷凭着自己的机智勇敢，使"五马太守"望而却步。

　　大家都知道，伯乐是古时候相马的高手。唐代大文学家韩愈在《马说》里写道："世有伯乐，然后有千里马。千里马常有，而伯乐不常有。"当然，韩愈在这里是通过伯乐相马来比喻人才不易被发现。虽然伯乐一生相尽天下良马，但他的儿子在这方面却一窍不通。伯乐为了培养儿子，交给他一本《相马经》，要求他"按图索骥"。儿子根据图上的样子，费劲找到了自己觉得应该找的东西，渴望回家在老爸面前炫耀一番。伯乐一看，气得吹胡子瞪眼说不出话来，原来儿子找到的是一只青蛙。

　　《按图索骥》的故事让人无语，这里还有一个让人哭笑不得的故事——《骑马乘舟》。有个喜欢骑马的人，花重金买了一匹马，结果没想到被人骗了，因为那匹马根本不是什么宝马，而是一匹拙劣不堪的马。可是这个人还挺能动脑子，租了一条船，把马牵到船上，然后自己骑在马背上。船行了一会儿，此人觉得船速太慢了，就对划船的人说："船家，一会儿我请您喝酒，您能不能再加把劲，把船摇得快点儿，我想找一下快马加鞭的感觉。"大家是不是觉得此人过于形而上学了？

三纸无驴

形容说话或写文章不得要领，废话连篇。

【出处】

出自北齐颜之推《颜氏家训·勉学》："问一言辄酬①数百，责其指归②，或无要会。邺下③谚④云：'博士⑤买驴，书券三纸，未有驴字。'"

①辄：总是，就。酬：回答。

②责：询问，寻求。指归：中心思想，主题内容。

③邺下：古地名，在今天河南安阳的北边。

④谚：谚语。

⑤博士：泛指读书人，与今天的博士不同。

【小档案】

驴，哺乳纲，奇蹄目，马科，草食动物。有家驴和野驴之分，耳较长，多为青灰色、褐色或黑色。家驴性格温驯，喜走不善奔跑，中国畜养数量很多，可以根据体形分为大型、中型、小型三种，关中驴是我国著名的大型驴品种之一。世界上的野驴有亚洲野驴和非洲野驴两类，产自我国的有蒙古野驴和藏野驴两种，它们通常生活在较开阔、平缓的地带，听觉、嗅觉、视觉灵敏，性机警，行动敏捷，善奔跑，喜鸣叫，耐力持久，是国家一级保护动物。

【成语飞花】

非驴非马：既不是驴，又不像马，形容不伦不类的东西。出自班固《汉书·西域传下》。

黔驴技穷：比喻有限的一点儿本领已经用完。出自柳宗元《黔之驴》。

驴鸣一声：借指悼念亡友。出自刘义庆《世说新语》。

中国是世界上重要的产驴国家之一。据文献记载，中国的新疆在殷商时代就已经开始驯养驴子了，到了秦代，有一些地方把驴子当作珍稀的家畜。20世纪80年代以前，驴子是中国许多农村地区的主要生产力和交通工具。驴子和马一样，都是哺乳纲奇蹄目动物。驴子和马杂交，可以生出生命力强，但没有生殖能力的骡子，这种新的生命继承了驴子和马的优点，不仅身体高大强壮，而且力大温顺。驴子身体一般为灰色、褐色或黑色，但嘴巴通常是白色的，耳朵和脸比较长，人们甚至嘲笑那些脸长的人为驴脸。驴子有家驴和野驴之分，前面所提到的作为生产力和交通工具的驴子指的是家驴；我国的野驴包括两种，就是蒙古野驴和藏野驴，由于数量稀少，已经被列为国家一级保护动物。

与马相比，和驴子有关的成语不是很多，主要有形容不伦不类的东西的"非驴非马"；比喻文辞拙劣，让人难以接受的"驴鸣犬吠"；比喻东西本来就在身边竟然没有发现的"骑驴找驴"；比喻才学德行平庸而且没有政治举措的官员的"驱驴宰相"。另外如"成语飞花"中的"黔驴技穷""驴鸣一声"等，总之和驴子有关的成语比较少。

柳宗元是唐朝著名的散文家，他的一篇《黔之驴》不仅反映了自己高超的智慧，而且给后人无穷的教益。贵州这个地方本来没有驴子，有个好奇的人就买了一头驴子用船运到了贵州，但又没什么用处，于是就把这头驴子放在了山脚下。一只老虎发现了这头驴子，看它个头儿很大，以为是什么怪物，吓得躲在树林里偷偷地观看。过了一段时间，老虎又壮着胆子往前靠近了一点儿，但还是保持着足够的警惕。这头驴子也从来没有见过老虎是什么样子，所以一见老虎就惊慌地仰头大叫起来，声音借着山谷的回响，大得出奇。老虎以为自己惹恼了驴子，要被吃掉了，惊慌害怕掉头就跑。跑了很远回头一看，原来驴子并没有追来，于是再次悄悄回到了驴子的附近，想看看驴子究竟还有什么特别的本领。结果发现，驴子除了叫声大之外，并没有什么特殊的能耐，而且老虎也渐渐习惯了驴子的叫声，于是胆子大了起来。老虎试着走到驴子的跟前看看，甚至还有意逗弄一下驴子。一次，驴子被老虎的举动惹恼了，用力踢了老虎一脚。这次，驴子彻底暴露了自己的实力，被老虎咬断脖子，变成了老虎的一顿美餐。

魏晋时期是中国历史上的一个重要时期，由于政权更迭频繁，当时有的人行为方式比较怪异，比如喜欢听驴叫就是其中之一。在我们今天听来，驴叫声十分难听，但魏晋时期的人却觉得驴的叫声有一种音乐美感，所以很多名士都喜欢学驴叫，甚至有的人学驴叫哄老人开心。当时有一个人叫王粲，是著名的"建安七子"之一，文学成就很高，他对于驴叫声就有一种特别的喜爱。后来，他在追随曹操南征北还时病死在途中。为了表示对人才的重视，曹操派曹丕亲自去吊唁。要下葬时，曹丕回头看了一眼前来吊唁的大臣，说："王粲喜欢听驴叫，大家都学一声驴叫为他送行吧！"大家听从了曹丕的建议，于是，一片"驴鸣"之声响起。这是对人才的尊重。

还有两个人物，一个叫王武子，一个叫孙子荆，孙子荆善于学驴叫，王武子喜欢听孙子荆学驴叫。后来，王武子死的时候，孙子荆没有能够见到朋友最后一面，感到非常遗憾。在送葬的时候，孙子荆对着王武子的灵床说："平时你最喜欢听我学驴叫，今天我就给你再学学吧！"结果，叫声跟真的没什么两样。这是对朋友的尊重。

在驴身上也发生过令人哭笑不得的故事，并因此而产生了一个成语——"惜驴而负鞍"。有一位财主，虽然很有钱，但是比较抠门儿。

因为年龄大了，行动不方便，便买了一头驴子作为代步工具，但绝对不会没事就骑上去，而是一定要等到累得实在走不动了才骑，这也说明财主对驴多么爱护，这样下来一年也骑不了几次，所以当他家的驴还是很幸福的。这天，天气热得要命，财主要出去讨债，把驴给牵上了，以防路上累了。结果走了一半路，累得气喘吁吁，于是骑到了驴背上。又走了二三里路，驴子也呼哧带喘累得够呛，财主急忙从驴背上跳了下来，解了驴背上的鞍子，本意是让驴子轻松一下。可是驴子理解错了，他以为今天收工了，于是一掉头顺着来时的路往回跑去。任凭财主怎么叫它，驴子置之不理，一溜烟儿不见了，财主累得张大嘴巴喘气追也没见到驴的影子。财主这一路上总是担心驴子丢了，又舍不得把鞍子扔掉，就自己背着走走歇歇，总算到家了。一进门，财主就问："驴是不是回来了？"财主的儿子说："驴子在家，早就回来了。"财主这才放心，卸下身上的鞍子。这时他感觉浑身酸痛，脚上起了水泡，天热还中了暑，病了一个多月才好。这个故事说明了什么道理？大家肯定会异口同声地回答"自讨苦吃"。

蹊田夺牛

因为牛践踏了田地而抢走人家的牛。比喻罪责虽然轻，但惩罚很严重。

【出处】

出自《左传·宣公十一年》："'牵牛以蹊①人之田，而夺之牛。'牵牛以蹊者②，信③有罪矣；而夺之牛，罚已重矣。"

①蹊：践踏。

②牵牛以蹊者：指牵牛践踏别人田地的人。

③信：确实，的确。

【小档案】

牛，哺乳纲，偶蹄目，牛科。主要分布在印度、菲律宾、中国和欧美大陆等地，栖息环境多样，食物以植物为主，听觉、嗅觉灵敏，视觉较差，野牛喜群居生活。体形庞大，一般有角，体重自数百千克至千余千克不等。孕期一般为8～10个月，通常每胎一崽。

【成语飞花】

牛蹄之涔：原指牛蹄印里的积水，形容水量少；也用来比喻身处不能有所作为的境地。出自刘安《淮南子·氾论训》。

土牛石田：比喻没有用处。出自《左传·哀公十一年》。

气冲牛斗：形容气势很旺盛，不可遏制；也指极度愤怒。出自崔融《咏宝剑》。

　　牛是偶蹄目动物，草食反刍。考古学发现，早在七八千年前的史前遗址中，在中国长江流域以南的地区就发现了大量黄牛和水牛的骨骸。最初的时候，牛不是被人们作为生产力的，它们是人们生存和生活的主要食物来源，牛作为生产力大约是在商周时期。牛有野牛和家牛之分，野牛也像其他许多动物一样，它们的数量目前并不多，所以中国已经把它们列为国家保护动物。在中国的青藏高原上，有一种被称为"高原之舟"的动物，那就是牦牛，它们不仅具有耐饥、耐寒、耐苦、抗病能力强等优点，而且在悬崖峭壁之间行走如履平地。所以，牦牛是当地的宝贵财富，一向被称为"高原之舟"。

　　一说到"牛"这个字眼，大家眼前马上就会浮现出任劳任怨、踏实肯干的老黄牛形象。牛是劳动的楷模，无论春夏秋冬、田间地头都可以见到它们忙碌的身影；牛是奉献者的象征，古往今来，它们都在为人类创造着财富。牛不仅可以为人们负重，还可以为人们耕田，牛肉可以吃，牛奶可以喝，牛黄可以为人们驱赶疾病，牛角可以作为兵器，即便牛头也被一些地方和民族认为具有趋吉避凶的神奇功用。所以我们说"牛吃的是草，挤出来的是奶"，所以鲁迅先生在他"俯首甘为孺子牛"的诗句里充满了对整个世界的无限热爱。自从道家创始人老子骑着青牛出函谷关，牛更充满了神秘的色彩。无怪民间故事中和牛郎相依为命的老牛会开口讲话，并帮助牛郎和织女结为夫妻，甚至在自己死后还让牛郎披着牛皮去追赶被王母娘娘带走的织女。《封神演义》中黄飞虎的坐骑不仅是牛，而且是"五色神牛"。可以这样说，在人类生活的不同时期和角落里，几乎都多少渗透着牛文化。

　　人们喜爱牛的程度并不亚于马，但由于传统的根深蒂固的贵贱之分观念，仍让老实听话的牛蒙受着许多委屈，比如在"牛耕田，马吃谷""牛打江山马坐殿"等俗语中，牛不仅没有摆脱吃苦受累的命运，还成了愚笨和迟钝的对象。让人多少感到欣慰的是，在成语中我们为牛找回了一些尊严。我们习惯上把那些虽然缺乏工作经验，但大胆勇敢并具有积极探索创新精神的人叫"初生牛犊"；把父母对子女的无私热爱叫"老牛舐犊"；把勤奋好学的行为叫"牛角挂书"；形容人技术纯熟，工作利索叫"目无全牛"；比喻很大的力量叫"九牛二虎之力"。另外，我们用"卖剑买牛"来比喻改业务农或坏人改恶从善；用"呼牛作马"称赞虽然遭到毁誉，也不予计较的大度。

其他和牛有关的成语如"牛衣对泣"形容贫贱夫妻同甘共苦；"泥牛入海"比喻一去不返，音信全无；"对牛弹琴"比喻对不懂道理的人讲道理，也用来讥笑人讲话不看对象；"牛鼎烹鸡"比喻大材小用；"瘠牛偾豚"比喻以强凌弱；"问牛知马"比喻对同类的事物进行研究、推理，以弄清事物的真相；"牛角之歌"形容怀才不遇，郁闷感慨；"九牛一毛"比喻微不足道；"牛骥同皂"比喻贤愚不分。

不但牛角可以作为兵器，而且全牛也可以作为攻击敌人的武器，这就是历史上"火牛破敌"的著名典故。燕国攻打齐国，齐国形势危急。这时，齐国大将田单利用燕昭王已死、燕惠王刚刚继位的时机，使用离间计打击和挫伤对方的斗志。同时，田单还收集了上千头的牛，并为这些牛披上红绸，然后在牛身上画满各色的图案花纹，牛角绑上尖刀，又把浸有油脂的芦苇捆在牛尾上。一切就绪之后，在一个月黑之夜，凿破城墙，点燃牛尾上的芦苇，把它们放了出去，后面紧随五千精兵。牛被烧得疼痛难忍，疯狂地向燕军冲去。燕军正在睡梦中，惊醒一看，火光通明，一个个庞然大物像火龙一样飞奔而来，声势浩大。燕军惊慌失措，被杀得丢盔弃甲、狼狈逃窜。就这样，齐国不仅解除了危险，而且收复了被燕军占领的 70 多座城池。

再说一个和齐国有关的牛的成语故事——《牛头马肉》，这个故事出自《晏子春秋》。齐灵公很喜欢内宫的女人穿男人的衣服，也就是我们说的女扮男装。你想，国王喜欢，那个号召力绝对是意想不到的，于是全国上下形成了风气，上行下效，几乎所有的妇女都穿上了男装。有一两个，很新颖，多了就成问题了。齐灵公决定刹刹这个风气，于是规定："凡是女扮男装的，一经发现，马上撕毁衣服，扯断带子。"虽然说到做到，确实有人受到了惩罚，但还是屡禁不止，齐灵公为这事伤透了脑筋。他只好向晏子求教妙计。晏子说："大王，你这是牛头马肉，当然起不到作用了。"齐灵公问什么意思，晏子说："你允许宫里女扮男装，却对宫外下令禁止，这就好像肉店门口明明挂的是牛肉招牌，可是实际上卖的却是马肉。谁还会信你呢？我觉得，你首先应该禁止宫里的人女扮男装，外面的人自然也就不犯了。"齐灵公答应试试，结果很快就见效了，不到一个月，女扮男装的风气就被刹住了。人们经常用这个故事讲道理，不允许别人做的事，首先以身作则自己不做，这样才能取信于人。

我们再来讲一个《石牛粪金》的故事，这个故事收录在《刘子·贪爱》中。说的是战国时期，四川西部有个蜀国，蜀国的国王有个很大的缺点，就是贪婪。秦惠王了解了蜀国国王的缺点之后，决定兼并蜀国。可是蜀国有天然屏障，山高林密，道路陡峭，没有合适的进兵路线。惠王就请人雕琢了一头石牛，再把很多的金银财宝放在牛屁股后面，然后制造舆论说金银财宝都是石牛拉出来的。这个消息很快就传到了蜀国国王的耳朵里，他自然也想拥有这么一头会拉金银财宝的石牛。秦惠王一看机会来了，派人告诉蜀王说愿意把石牛送给蜀国。蜀王一听那敢情好，为了迎接石牛的到来，派人开山修路。可是他万万没想到，秦惠王早已派兵紧随在石牛的后面，所以路一通，秦军就拥了进来，蜀国就这样被灭掉了。这就是为了占个小便宜，结果反而吃了大亏。

中原逐鹿

指群雄并起，争夺天下。

【出处】

出自《史记·淮阴侯列传》："秦失其鹿^①，天下^②共逐^③之。"

① 鹿：借喻政权。

② 天下：指天下群雄。

③ 逐：追逐，争夺。

【小档案】

鹿，哺乳纲，偶蹄目，鹿科。以植物为食。头部和身体修长，耳朵大而且能够直立和转动，听觉、嗅觉极其灵敏，视觉较差；四肢细长矫健，善跳跃奔跑。主要有麋鹿、马鹿、梅花鹿、驼鹿、驯鹿、白唇鹿等。其中麋鹿、白唇鹿是我国特有的物种；驼鹿是鹿科动物中体形最大的种类。大多数均属国家保护动物。

【成语飞花】

麋沸蚁动：形容社会纷乱动荡。出自刘安《淮南子·兵略训》。

临江之麋：比喻与敌为友而忘记了自己的身份，结果遭到横祸的人。出自柳宗元《柳河东集·三戒》。

共挽鹿车：称赞夫妻同心，安贫乐道。出自范晔《后汉书·鲍宣妻传》。

鹿属于偶蹄目、鹿科，以植物为生的动物，头部和身体都比较长，耳朵大而且能够直立和转动，听觉和嗅觉都非常敏锐，但视觉不怎么好。鹿的四条腿细长矫健，善于奔跑和跳跃。当它们发现周围有异常情况时，先是仔细倾听，接着便迅速逃跑。虽然它们的速度极快，但很多时候仍然摆脱不了被凶猛野兽捕获的命运，这大概也是大自然保持生态平衡的规律吧。

鹿的分布范围广泛，几乎全世界都可以见到，在中国可以见到的鹿有十几种，如麋鹿、马鹿、驼鹿、驯鹿、水鹿、梅花鹿、白唇鹿等。其中麋鹿是中国的特有物种，因为它们的头像马，角像鹿，蹄子像牛，尾巴像驴子，所以又叫"四不像"，传统评书中老道经常骑的"四不像"就是这种动物。驯鹿和梅花鹿数量较多，也较常见。据文献记载，早在公元前 1000 多年时，商朝就已经开始饲养鹿了。

说起鹿，我们便会自觉地想到鹿茸，它是传统的中药材，不仅能够强筋健骨，而且有生精益气的功效。千万不要一叶障目，其实鹿的全身都是宝，鹿心、鹿血、鹿角、鹿鞭、鹿筋、鹿胎以及鹿肉等，都可以作为药材使用。古代的战争中，人们还模仿鹿角的样子制作防御工具，插在营地的周围，这种东西也叫作"鹿角"。

鹿对人类虽然有着巨大的贡献，但在成语中出现的机会却不是太多，有时还给人以"笨"的印象。如柳宗元笔下的"临江之麋"，把因为害怕主人而经常和自己玩耍的狗当成同伴，以至于忘记了自己是麋鹿的身份，结果被外面的恶狗吃掉，可怜的麋鹿恐怕连自己的死因也不明白。又如"蠢如鹿豕"，本身就是指愚蠢得像鹿和猪一样。另外和鹿有关的成语如"覆鹿寻蕉"形容人做了恍惚如梦的糊涂事。鹿、蕉、糊涂事三个风马牛不相及的事物怎么联系在了一起呢？原来，郑国有个靠打柴为生的人，一次误打误撞，打死了一只受伤的野鹿。他怕别人发现引起争执，就把死鹿藏了起来，上面盖了一层蕉叶。太阳下山后，这位樵夫准备把鹿扛回家，却忘记了藏鹿的确切地点，结果找了半天也没有找到。最后，樵夫脑子一片混乱，开始怀疑自己根本就没有打死什么鹿，更没有把鹿藏起来，只是做了一个梦罢了。"鹿死谁手"比喻天下政权由谁取得，也比喻谁能取得最后的胜利；"即鹿无虞"比喻做事情如果不具备条件就草率开始，结果一定徒劳无功；"鹿死不择音"比喻只求安身，不讲究环境，也比喻情况危急，来不及慎重考虑。

　　鹿在政治斗争中还被充当道具出现，这就是《史记·秦始皇本纪》中所说的"指鹿为马"。秦朝末年，奸相赵高害死李斯后把持朝廷大权，他非常想知道朝廷中还有哪些大臣不听从自己的指挥。一天，赵高牵着一头鹿到了朝上，当着所有大臣对秦二世说："我得到一匹名贵的骏马，特意来献给皇上。"秦二世虽然糊涂，但还没有到马、鹿不分的地步，于是他笑着说："丞相，你这是开的什么玩笑，这明明是头鹿，你怎么说是马呢？"赵高紧绷着脸，严肃地说："怎么不是马，你不信的话，就让各位大臣说说吧！"于是秦二世转头征求大臣们的看法，许多人都已经明白了赵高的险恶用心，为了讨好赵高，就附和说："的确是一匹好马啊。"也有的人因为心里害怕，没有发表意见。只有少数人坚持说是鹿。结果，那几个说实话的大臣都被赵高找借口处罚了。从此以后，朝廷上下无论大官小官都害怕赵高，再也没有人敢在皇帝面前说他的不是了。

　　大家听说过《秦西巴纵麛》的故事吗？麛，即小鹿，这个故事在《说苑·贵德》中可以看到。孟孙在打猎的时候捕到一只小鹿，他命令秦西巴带回宫里去。母鹿紧随其后，不停地发出哀鸣声，让人听了很难受。秦西巴看到这种情形，也心生怜悯，便自作主张把小鹿给放了。孟孙知道秦西巴放了小鹿之后，很是生气，就把秦西巴赶走了。过了一年，孟孙又派人把秦西巴找到，聘请他做了自己儿子的老师。大家不理解，就问："您先赶走了秦西巴，又找来重用他，竟然让他做太子的老师，前后的态度反差太大了，这是为什么呢？"孟孙解释说："我赶走秦西巴，是因为他自作主张，那是对他的惩罚。可是大家想一下，他对一只鹿都能有怜悯之心，对我的儿子能差得了吗？所以我请他来做太子的老师。"其实，孟孙是看到了秦西巴由内到外的品质。

欲为孤豚

想做一头离群索居的小猪。比喻不愿在朝廷当官而甘愿隐居。

【出处】

出自《史记·老庄申韩列传》："当是之时①，虽欲为孤豚，岂可得②乎？"

① 当是之时：这时候。

② 可得：可以实现自己的心愿。

【小档案】

猪，哺乳纲，偶蹄目，猪科。主要包括家猪和野猪。我国的家猪有很多种，按地理区域大致可以分为华北型、华南型、华中型、江海型、西南型、高原型等6种类型。家猪由野猪驯化而来，性情温顺，警觉性和灵活性较差，反应迟钝而懒惰。野猪神经系统、头、脚和前躯比较发达，中躯短，后躯小；肢体健壮，四肢粗短，头长耳小且直立；性凶暴，嗅觉和听觉灵敏，视觉较差，行动灵活敏捷；主要以植物的根、枝叶、果实和昆虫鸟卵以及动物的尸体为食。

【成语飞花】

一龙一猪：比喻二人相比，高下立判。出自韩愈《符读书城南》。

封豕长蛇：比喻贪暴的人。出自《左传·定公四年》。

　　猪属哺乳纲偶蹄目猪科动物，家猪也是由野猪慢慢驯化而来的，据说我国在六七千年前就已经开始了驯养野猪的活动。野猪也叫山猪，性情凶暴，特别是在受伤时凶猛异常，嗅觉和听觉灵敏，四肢粗短健壮，有伸出唇外的獠牙，机警善跑。我们所熟悉的猪种一般属于家猪。事实上，家猪的品种也是非常繁多的。

　　猪的繁殖能力很强，有时一胎达 10 多只。猪由于没有汗腺，因而特别害怕热，夏天的时候总是喜欢卧在水里或泥里，这样就弥补了没有办法出汗的缺陷，但也在人们印象中形成了比较肮脏的形象。另外，猪吃完食物之后，就躺在圈里或温暖的阳光下休息，于是又给人们留下了馋和懒的印象，特别是《西游记》中天蓬元帅猪八戒在银屏上的出现，更加强了人们的这种感觉。在人们所驯养的许多动物中，只有猪是最适合"养肉"的，所以养猪在很多地方都是人们重要的致富门路之一，猪肉也是人们日常生活中主要的肉食之一。不过，自从"小猪佩奇"的出现，好像猪也开始向宠物型发展了。

　　猪在古代还被叫作"豚""豕"及"彘"，所以关于猪的成语并不局限"猪"这一个字。含"猪"的俗语和成语有：比喻人出名后就会招致麻烦的"人怕出名猪怕壮"；形容品行极度卑劣的"猪狗不如"；比喻好吃懒做，不务正业的坏朋友的"猪朋狗友"；比喻卑贱或粗鄙之人的"泥猪瓦狗"。含"豚"的成语有：比喻教化普及而深入的"化及豚鱼"；形容信义卓著，无微不及的"信及豚鱼"；比喻弱小的民族或国家的"瘠牛羸豚"；比喻微小的收益的"鸡豚之息"；比喻给予的很少，索取的却很多的"豚蹄穰田"。含"豕"的成语有：比喻文字传写或刊印讹误的"三豕涉河"；形容文字错讹非常多的"亥豕相望"；形容坏人成群乱闯的"狼奔豕突"；比喻贪婪不足的样子的"虎目豕喙"；比喻众人杂沓会合，横冲直撞的"蜂合豕突"；比喻支离破碎的"豕分蛇断"；比喻极其贫困的"豕食丐衣"；比喻狼狈逃窜的样子的"豕窜狼逋"；比喻卑秽污浊的"见豕负涂"；形容知识浅薄、少见多怪的"辽东白豕"；形容对书义的解释和原意相差很远，风马牛不相及的"龙首豕足"。含"豗"的成语有：形容答应孩子的事情一定要做到的"杀彘教子"；形容英雄豪壮之气的"豗肩斗酒"。

孔子的学生曾子通过"杀彘教子"树立了诚信教育后代的光辉典范。一次，曾子的妻子要到集市上买东西，儿子哭闹着要跟妈妈去。妻子反复劝说也没有用，就对儿子许诺说："你在家等着，等我从市场上回来给你杀猪吃。"儿子信以为真，就待在家里静静地等着。傍晚时分，妻子回到了家中，曾子就把家中的小猪绑上，打算杀了吃。妻子一看马上制止了曾子："我那是哄孩子的话，你怎么就当真了呢？"曾子说："做父母的怎么能够哄骗孩子呢？孩子还不懂什么道理，父母是孩子最直接的老师，父母的一举一动、一言一行都影响着孩子的成长。今天你如果哄骗了孩子，孩子就会学着你出去哄骗别人，而且孩子以后很可能会不再相信你，如果这样，今后还怎么教育孩子呢？"说完之后，曾子就杀了小猪，让孩子吃上了猪肉。

"牧豕听经"比喻贫寒中勤奋苦学成才，出自《后汉书·承宫传》。东汉初时，有个人叫承宫，家境贫穷，八岁又成了孤儿，靠给别人放猪维持生活。他在放猪的途中，要经过一个讲经的草庐，便和别的学生一块儿听讲，后来老师收留了他。承宫勤奋刻苦，得到了老师的欣赏和同学的尊重，后来学有所成，便也开设学堂，以收学生讲学为生。他的才能传到了朝廷，得到了朝廷的认可，并被委派了官职，以善进良言良策闻名当时。无论是曾子的"杀彘教子"，还是承宫的"牧豕听经"，都有一种可贵的精神存在，是值得后人学习和发扬的。

商於子家里很贫穷，连耕田的牛都没有，于是他异想天开找了一头大猪，准备让猪干牛的活儿。大家可以想想会是什么结果，猪自然不会听从商於子的指挥，刚套上就挣脱了，一整天下来，商於子光在田地里逮猪了，活儿也没干成。宁毋先生看到了，就责备商於子："你这可是异想天开啊，用猪耕田，我还是第一次见到。人们都是用牛耕田，牛的力气大，蹄子硬，天生就是耕田的料。猪再肥大，它也没有耕田的本领。"

商於子本来就为没有耕成田而生气呢，又被指责一顿，更恼怒了，气呼呼地没有搭理宁毋先生。

宁毋先生说："《诗经》中不是说过嘛，'既登乃依，乃造其曹。执豕于牢，酌之用匏'，这就是说，猪就是餐桌上的菜肴。现在你却要让它代替耕牛，这不是物不能尽其用吗？我的本意是让你知道怎么做才是对的，你怎么能恼怒呢？"商於子说："你认为我把事情弄颠倒了，我却认为你把事情弄颠倒了。我难道不知道耕地应该用牛吗？不用牛耕地无非速度慢点儿，质量差点儿，危害还没有那么大，可是治理人民如果不能用贤人，那危害可就大了，遭殃的是天下百姓。你为什么不去说那些统治人民的人呢？"商於子的话是很有道理的。宁毋先生这才明白，原来商於子心中是有激愤的。这个故事叫《驾豕耕田》。

《吕氏春秋》中的"三豕涉河"也值得了解一下。孔子有个学生叫卜商，就是我们熟悉的子夏。有一年子夏到晋国去游学，路过卫国的时候，碰到一个人正在读史书，他们就交流起学问来。这个读书人很谦虚地说："我读的书里有'晋师三豕涉河'，豕是猪，怎么说晋国的军队里有三头猪过河呢？这到底是什么意思？您既然是孔子的学生，一定很有学问，请您为我解释一下好吗？"子夏想破了脑袋，一时想不出个所以然来，忽然他说："咳，那不是'三豕'，是'己亥'。因为字形相近，所以传抄错误、以讹传讹了。"卫国的读书人听了恍然大悟："哎呀，这就能讲通了，这是渡河的时间。谢谢您，解开了困惑我好久的疑问。"几天以后，子夏到了晋国，向晋国的朋友说起了这件事，朋友说确实是"己亥涉河"而不是"三豕涉河"。这个故事既表现了以讹传讹的可怕，也让我们看到了子夏的学问和学习精神。

亡羊补牢

丢了羊之后赶紧修补羊圈。比喻事情出了差错，马上采取补救措施还不算太晚。

【出处】

出自《战国策·楚策四》："见兔而顾[①]犬，未为晚也；亡羊而补牢[②]，未为迟也。"

①顾：回头看。

②牢：养牲畜的圈，这里指羊圈。

【小档案】

羊，哺乳纲，偶蹄目，牛科，羊亚科。种类繁多，主要有山羊、绵羊、黄羊、羚羊、盘羊、岩羊等，其中除了山羊和绵羊是家畜外，其他主要都是野生的，喜群居。听觉灵敏，行动敏捷，有褐色、黑色、白色、杂色等。其中山羊性活泼，头长颈短，有角，颌下有须；绵羊性情温顺，头小身大，毛厚美柔软；羚羊四肢强健，蹄足有力，颌下无须，有角；盘羊四肢粗短，头大颈粗，有角，耐寒；岩羊体形中等，有角，跳跃攀登灵活自如。

【成语飞花】

十羊九牧：比喻民少官多；也比喻多头领导，命令不一，使人无所适从。出自魏征《隋书·杨尚希传》。

以羊易牛：用这个代替那个。出自孟轲《孟子·梁惠王上》。

使羊将狼：派羊去指挥狼。比喻不足以统领众人。出自司马迁《史记·留侯世家》。

羊是哺乳纲偶蹄目牛科动物，它们在人们的心目中是一种温顺、善良的形象。羊是人类最早驯服的家畜之一，据文献记载，人类大约在1万年前驯化了山羊，又在9000年前驯化了绵羊。中国有文字可考的养羊历史大约是从夏商时期开始的，也可算得上历史悠久了。无论古代还是今天，羊在人们的衣食方面都立下了汗马功劳，所以人们对它们非常喜爱，甚至照料得无微不至。中国最早的农书《齐民要术》中有专门的"养羊篇"，对牧羊人的条件和羊圈的位置都有详细的描述。甚至羊皮在古代还是财富的象征，百里奚是春秋战国时期一个有才能的人，但是地位非常低下，后来秦穆公听说了他的才能，用5张公羊皮把他换了回来，并且封他为"五羖大夫"，请他管理国家。

据《本草纲目》中说，羊肉不仅味道鲜美，而且性热，具有很高的食疗价值。元朝太医忽思慧在《饮膳正要》中介绍了94种食物，其中75种和羊肉有关系。随着人们生活水平的提高，吃羊肉几乎已经成为一种时尚，而且名目繁多，如涮羊肉、炒羊肉、红焖羊肉、烤羊肉等。另外，羊毛、羊角、羊骨、羊血、羊奶、羊内脏等，都具有很好的经济价值和药用价值，比如羊毛可以纺线，羊血可以解毒，羊奶可以缓解体虚、润肺解渴、补气益神等，可以说，羊在人们的生活中占据着重要的地位，养羊是人们致富的途径之一。

善良和驯服是羊在人们心目中的主要形象，但这些特征换一个角度解释的时候就成了胆小、懦弱，于是它们成了被欺凌和被压迫的对象，人们形象地称呼那些无辜受害者为"替罪羊"。在一些成语中，羊有时也是作为这种形象出现的，如比喻任用酷吏治理人民的"如狼牧羊"、比喻外强中干的"虎皮羊质"、比喻处境危险的"羊落虎口"、形容迅猛贪婪的"饿虎吞羊"、形容以弱敌强的"驱羊搏虎"等成语中，羊的形象便是如此。

当然，和羊有关的成语并非只有上面几个，其他的如"歧路亡羊"比喻因情况复杂多变而迷失方向，误入歧途；"狼羊同饲"比喻把好人坏人同样对待；"挂羊头卖狗肉"比喻用好的名义作为幌子，实际上名不副实或做坏事；"舍策追羊"比喻发生错误以后，设法补救；"爱礼存羊"比喻为维护根本而保留有关仪节；"瘦羊博士"指能克己让人的人；"肉袒牵羊"表示降服顺从；"羊毛出在羊身上"比喻表面上人家给了自己好处，实际上自己已付出了一定的代价；"羊狠狼贪"比喻贪官污吏的残酷剥削；"羝羊触藩"比喻进退两难；"素丝羔羊"称誉正直廉洁的官吏；"系颈牵羊"指投降请罪；"问羊知马"指从旁推究，得以明白事情真相；"顺手牵羊"比喻顺便行事，毫不费力，今天特指顺便拿走别人的东西；"羊肠鸟道"形容曲折狭险的山路；"鼠穴寻羊"比喻没有功效的做法；"告朔饩羊"比喻办事只是形式上做做样子；"臧谷亡羊"比喻不专心从事本业，致使受到损失；"羊胃羊头"形容官场中都是一些猥琐、不足称道的人物；"叱石成羊"比喻化腐朽为神奇。

我们说一个《羊裘在念》的故事吧，这个故事记录在《雅谑》里。乡里有个小偷，有一次光顾了迂公的卧室，结果不巧的是，正好赶上迂公回来，碰见了他。这个小偷自然很紧张，慌里慌张逃跑了，没想到把身上穿的羊皮袄落在了迂公的家里。迂公不仅没丢东西，还捡了件羊皮袄，心里别提多高兴了。从那以后，迂公好像找到了发家致富的门路。每次出门，不管多远，一定要半夜赶回家。目的只有一个，希望再遇到有贼偷自己家的东西被自己碰见，这样可能还会捡到别的东西。可是，让他失望的是，每次都安然无事。迂公不理解，皱着眉头嘟囔："怎么就没小偷呢？"人们经常用这个故事说明偶然得了意外之财，便天天想入非非。

《庄子·骈拇》中有一个《臧谷亡羊》的故事。臧和谷是两个孩子，他们一块儿去放羊，结果都把羊弄丢了。主人问臧："你在干什么？羊丢了你也没发现。"臧说："我在看书。"主人又问谷："你在干什么？"谷说："我在玩游戏。"两个人的行为虽然不同，但对于丢羊这个结果来说都是一样的。也就是说，从结果来看，不用强调理由，心不在焉，事情肯定办不好。

传说羚羊在晚上睡觉的时候，总是把羊角挂在树枝上，脚不着地，这样就能够避免遭受猎人或其他动物的伤害。这就是我们常说的"羚羊挂角"，现在多用来比喻诗文意境超脱，不着形迹，是古代文人在创作中理想的艺术追求。

跖犬吠尧

原指盗跖的狗朝着唐尧乱叫，比喻各为其主。

【出处】

出自《战国策·齐策六》："跖①之狗吠尧②，非贵跖而贱尧也，狗固吠非其主也。"

①跖：古代传说中反抗贵族统治的领袖，被统治阶级诬为"盗"，所以称盗跖。

②尧：传说中父系氏族社会后期部落联盟领袖，号陶唐氏，史称唐尧。

【小档案】

狗，哺乳纲，食肉目，犬科。种类有许多，通常按其用途可分为牧羊犬、猎犬、导盲犬、警犬、玩赏犬等。性机警，善鸣叫，听觉和嗅觉灵敏，色盲。耳短，直立或长大下垂。舌长而薄，有散热功能。

【成语飞花】

白云苍狗：比喻人生世事变幻无常。出自杜甫《可叹》诗。

粤犬吠雪：比喻少见多怪。出自柳宗元《答韦中立论师道书》。

悬羊头卖狗肉：比喻用好的名义做幌子，实际上名不副实或做坏事。出自《五灯会元》。

在人们的心目中，狗通常是忠诚的象征，民间俗语也说"狗是忠臣"，另外如"狗不嫌家贫"这个熟语也足以说明狗具有忠诚的特点。据说，狗大约是在一万五千年前从狼驯化而来的，所以在中国最早的诗歌总集《诗经》中就有了蹦蹦跳跳的大兔子，遇到狗就被捕获的描述，而且这也仿佛表现出狗生来就和捕猎有着紧密的联系。狗的动作敏捷，嗅觉更是灵敏，它们不仅可以闻到很远距离的气味，而且可以分辨出上万种不同气味，也正是因为这一特点，警犬才会在案件侦破过程中屡建奇功。

狗不但在猎场上给人以帮助，它们还具有看家护院的本领，人们还把狗列为十二生肖之一。古人认为狗是可以和上天进行沟通的动物，它们能够预测到人类无法知道的吉凶祸福，所以古人就用草扎成狗的样子，叫作"刍狗"，进行祭祀，祈求刍狗能够保佑自己平安。古时候，许多民族认为狗是人亡魂的向导，所以古代许多墓葬中发现有狗的殉葬物。据说，黄狗最忠诚，也最吉利，所以李斯在被处死的时候想到东门黄犬恐怕不只是对以往生活的留恋。另外，狗肉还是肉中的极品，味道之香，几乎无与伦比。而且，在古代不是任何人随时都可以吃到狗肉的，《礼记》记载，即使皇上也只有在秋季祭祀时，才可以和群臣分享狗肉。据说，汉高祖刘邦就非常喜欢吃狗肉，而他的大臣樊哙也正是卖狗肉出身。

狗虽然在人们心目中有忠诚的一面，但在成语中却贬多于褒。比如"土龙刍狗"比喻名不副实；"狗猛酒酸"比喻环境恶劣，前进困难，也比喻权臣当道，阻塞贤路；"画虎类犬"比喻仿效失真，结果不伦不类；"猪狗不如"比喻人的道德品行败坏。我们讽刺一个人说话不合时宜叫"狗嘴里吐不出象牙"，骂一个人胆大妄为叫"狗胆包天"，以上这些都是贬义的。至于褒义的，却少得可怜，如"犬不夜吠"比喻社会治安良好。而"犬牙交错"则是一个中性词，泛指形势错综复杂。

我们都知道《鸿雁传书》或《燕子传书》的故事，事实上，"黄犬传书"也是有的。陆机是西晋时的文人，他在当时的都城洛阳做官。离开家乡时，他带了一只狗，并且为狗取了个名字，叫黄耳。黄耳非常有灵性，整天陪伴在陆机的身边，当然陆机对它的喜爱程度就不用说了。陆机自从到洛阳做官后，多年没有和老家通信，所以非常思念远在千里之外的家人。一天陆机笑着对黄耳说："家中一封书信也没有寄来，你能做我的信使让我和家人互通消息吗？"黄耳摇头摆尾，口中有声，仿佛明白了主人的心意。于是陆机写了一封信，装在竹筒里，系在狗的脖子上，并交代它路上小心，完成任务后赶快回来。黄耳叫了几声，表示明白，就开始长途跋涉，最终回到了家乡，后来还把家人的书信带回了洛阳。

"兔死狗烹"比喻事成之后就把效劳的人抛弃甚至杀害。这个成语血腥地表现了古代君臣利用的政治规律。春秋时期，吴国和越国争夺霸主。开始越国被吴国打败，后来越王勾践卧薪尝胆，在大夫范蠡和文种的帮助下，休养生息，恢复国力，并最终打败了吴国。复国之后，范蠡辞官隐居，并且去信劝说文种不要贪恋富贵，及时退隐。范蠡的信中这样写道："飞鸟尽，良弓藏；狡兔死，走狗烹。"意思是说，飞鸟射光了，良弓就得收藏起来；兔子杀绝了，猎狗就会被煮着吃掉。言外之意是劝文种及时离开勾践。文种没有听从范蠡的劝说，后来果然被勾践杀死了。

在《吕氏春秋》里有一个《桎狗取鼠》的故事。据说齐国有个会挑选狗的人，他的邻居委托他买一只会捉老鼠的狗。我们都知道有个歇后语叫"狗抓耗子，多管闲事"，抓老鼠本来就不是狗的事儿。真没想到，花了整整一年时间，邻居要的狗还真买到了，他交给邻居的时候还特意说："这是一只好狗。"邻居把这只狗养了好几年，也没见过它抓老鼠，于是很失望，当着相狗人的面抱怨。相狗人一听就明白了，说："这是一只很难得的好狗，它擅长抓的是野猪、麋鹿、獐子，而不屑于抓老鼠。如果你一定要它抓老鼠，我给你说个办法，你把它的腿捆起来，别让它跑那么快。"邻居回家真这么做了，把狗的后腿捆上了绳子，狗这才开始抓起了老鼠。这个故事是什么意思呢？它的意思是说一个人就算满腹才华，如果没有施展的机会和场所，那也是白瞎。

　　我们来了解一个《越人遇狗》的寓言故事。有个越地人在路上遇到一只狗，这只狗对他摇头摆尾很友好，操着人话说："我是一只好狗，很会打猎，我愿意把猎物和你平分。你能带我走吗？"越人很高兴，就带着狗回家了。为了得到丰盛的猎物，越人每天好吃好喝好招待，把狗伺候得和人一样。狗得到如此盛情招待，别提多舒服了，慢慢地变得傲慢了。每次捕捉到猎物，一定先满足自己的口腹之欲。有人讥笑越人说："你真是养了一只好狗。你这么用心地喂养它，他却把捕到的猎物吃光了，你养着它还有什么用？"越人一听："是啊，我这不是傻吗？"于是越人重新和狗商量猎物的分配比例问题，希望自己能够多占点儿。狗一听当时就不愿意了，张着大嘴向越人扑了过去。越人一命呜呼，狗也逃走了。这个故事告诉我们，江山易改本性难移，不要轻易相信坏人的话，否则是要吃大亏的。

　　《后汉书·马援传》里还有一个《画虎类犬》的故事。东汉时期，伏波将军马援有一次在信中教训他的侄子："在听到别人的过失时，你们要有一个正确的态度，就像别人说到自己父母的名讳时一样敬重，只可听，不可参与讨论。龙伯高这个人为人敦厚谨慎，我希望你们能够多多学习他的品质；杜季良为人豪侠仗义，但是他与好人和坏人都做朋友，我不希望你们仿效他。原因很简单，学习龙伯高，学得再不到位还能是一个谨慎的人，就像你刻鸿鹄刻不成，大不了刻成个野鸭子，毕竟还是个会飞的鸟。可是如果模仿杜季良不成，那就麻烦了，你将会成为一个轻浮的人，这就像本来要画老虎，结果老虎没画成，反而画成一只狗了。"这个故事是值得我们好好品味的。

狐假虎威

原意指狐狸借助老虎的威风，比喻仰仗位高权重者的威势来欺压别人。

【出处】

出自《战国策·楚策一》："虎不知兽畏①己而走②也，以为畏狐也。"

①畏：畏惧，害怕。

②走：逃跑。

【小成语】

狐狸，哺乳纲，食肉目，犬科，世界各地基本均有分布。体形瘦长，体重一般2～8千克，尾巴修长蓬松，耳朵大而且直立，听觉、嗅觉、视觉都非常灵敏。生性机警多疑，行动敏捷狡猾，捕食能力和适应能力较强，通常单独活动，主食鼠类，兼食其他小型动物和野果等。尾巴具有保温、迷惑敌人等作用，耳朵具有帮助散热的特殊作用。

【成语飞花】

一狐之腋：比喻非常珍贵的东西。出自司马迁《史记·赵世家》。

狐疑不决：形容疑虑过多，拿不定主意。出自范晔《后汉书·刘表传》。

狐奔鼠窜：形容狼狈逃跑的样子。出自沈约《宋书·索虏传》。

　　狐狸是一种适应能力比较强的中小型肉食动物，几乎分布在世界各地。狐狸体形瘦长，尾巴修长，耳朵大而且直立，听觉和嗅觉都非常灵敏，可以察觉到数公里范围内的食物。可能正是它们体形小的特点，才使它们在机警和敏捷方面得到了充分的发展。所以，在人们的印象中，狐狸总是工于心计的，它们不仅能够欺骗头脑简单的老虎，甚至能够通过各种自己精心设计的行为捕捉到行动敏捷的兔子。狐狸的孕期比较短，只有两个月，但生出的幼狐较多，一胎通常有 4 ～ 11 只。狐狸的皮毛具有极好的保温功能，所以古时候的达官贵人以拥有狐裘而自豪。特别是狐狸腋下和腹部的皮毛更是全身最珍贵的部分，用这些部位的皮毛做成的皮衣价格比黄金还要昂贵。

　　狐狸多数在夜间活动，动作敏捷，时隐时现，像幽灵一样。所以人们经常把狐狸神秘化，和仙、怪联系在一起，它们有危害人类的时候，但我们更多看到的是它们善良的一面。蒲松龄的《聊斋志异》中就有许多狐仙，它们总幻化成美丽的女子，出入在市井街头，更多情况下是和多情的书生交往，演绎出动人的爱情故事。其实，狐狸变成女子和人结婚的故事早就已经有了。唐朝时期，沈既济写过一篇《任氏传》，作者用浪漫主义的手法，为我们塑造了一位狐女任氏的形象，这个形象美丽多情，聪明勇敢。任氏嫁给了一个贫穷的年轻人郑生，她不仅对郑生忠贞不贰，而且给他的生活和事业提供了极大的帮助。后来，任氏在明知道有生命危险的情况下，仍然陪同丈夫外出，结果被一只猎犬杀死。据《史记》记载，陈胜起义的时候也利用了人们对于狐狸神秘叫声的恐惧心理。他派人到附近的一座破庙里，在竹笼中点上火，让远处的人感觉时隐时现，然后又让人模仿狐狸的叫声，大喊："大楚兴，陈胜王。"怪异的现象惊呆了押解他们的兵卒。

　　传说，狐狸在快要死的时候，一定把自己的头朝向居住洞穴的山丘，古人认为这是狐狸"仁义"的表现，于是后人便借狐狸的这种行为比喻不忘根本，也比喻对故乡和亲人的思念，这就叫作"狐死首丘"。另外和狐狸有关的成语如"狐朋狗友"比喻品行不端的朋友；"狐裘羔袖"比喻大的地方很好，小的地方却显得不相称；"狐埋狐扬"比喻人疑虑太多，办不成事；"城狐社鼠"比喻有所依靠，为非作歹但又不容易被清除的人；"狐裘蒙戎"比喻国政混乱；"篝火狐鸣"指策划起义；"狐假鸱张"比喻依仗别人，虚张声势。

《狐假虎威》是江乙讲给楚宣王听的一个故事。从前有一只老虎在森林中寻找食物，这时它捉到了一只狐狸。狡猾的狐狸在将要被老虎吃掉的时候，急中生智，大叫："不能吃我！"老虎心想，我是百兽之王，想吃谁就吃谁，你不就是一只狐狸吗？为什么不能吃？于是，老虎让狐狸说出不能吃它的理由。狐狸先稳稳神，然后得意扬扬地说："我是受玉皇大帝委派，到人间管理所有野兽的，如果你敢吃掉我，就是违背了上天的意思，那样玉皇大帝就会大怒，你的后果不就可想而知了吗？"老虎对狐狸的这番话半信半疑，结果被察言观色的狐狸发现了，狐狸接着说："如果你怀疑我刚才所说的话不真实，那么就请你跟在我身后到森林里走一圈，看其他动物见了我害不害怕！"老虎心想，反正你也逃不出我的手心，走一圈就走一圈。于是，狐狸在前，老虎在后，向森林中走去。森林中的野兽看见老虎紧紧跟在狐狸的背后，都远远地逃跑了。老虎看到这种情景，对狐狸的话信以为真，就放过了这只狐狸。头脑简单的老虎哪里知道，那些逃跑的野兽根本不是害怕狐狸，而是害怕狐狸背后的它。

《左传·襄公十四年》中有一个《狐裘羔袖》的故事，我们一起了解一下。春秋时期，卫国有一个叫谷的官员，虽然清正廉洁，很有政绩，很受老百姓喜欢，但就是不擅长打仗。在一次战斗中，他率领的军队打了败仗，谷先是跟随君主卫献公出逃，后又返回卫国。卫国的人要杀掉他。谷说："出逃这件事不是我乐意干的，处死我没得说。但是有句话不知道大家知道不知道……"大家就问什么话，谷说："狐裘羔袖。"大家问什么意思，谷解释说："一件皮衣，整体都是用很贵重的狐狸皮做的，只有袖子是用廉价的羊皮做的。"大家面面相觑，还是不理解，谷进一步解释说："你们是不是应该整体评价一下我的功过呢？不能因为这一件事就否定了我以前的功劳。"大家仔细一想，是啊，谷清正廉洁，很有政绩，还是一个很受百姓爱戴的官员，于是就把他赦免了。

　　从上面这个故事，我们可以感觉到狐狸皮是相当珍贵的，那么如果只用狐狸腋窝的皮做衣服是不是更珍贵？我们就说说"一狐之腋"吧，不过可不是真的找一千只羊，用它们的皮做衣服哦，这只是个比喻。春秋末期，很多诸侯国的国君已经成了名存实亡的摆设，看着他们在最高的位置上，实际上他们说了也不算，真正说了算的人是那些有权有势的大臣。晋国就是这样。晋定公时期，大权掌握在赵鞅、范氏、中行氏手中，而且这些人为了争权夺势，经常会发生内讧。在内讧中，赵鞅占了上风，打败了范氏和中行氏，扩大了自己的封地。

　　赵鞅之所以能够取得胜利，和他善于用人有关。他手下有一个叫周舍的臣子，为人很耿直，经常向赵鞅提意见和建议，深得赵鞅的赏识。周舍死了之后，赵鞅很难过，臣子们以为自己做错了什么事，所以惹得赵鞅不高兴。赵鞅解释说："你们没有做错事情。我听说'千羊之皮，不如一狐之腋'，一千张羊皮也比不上一个狐狸腋下的皮值钱，现在朝廷上下，我除了能听到你们唯唯诺诺的声音，再也听不到周舍据理力争的声音了，所以我才闷闷不乐。我想周舍了，我也希望大家能像周舍那样。"

　　再来讲一个《狡狐捕雉》的故事，这个故事收录在《淮南子·人间训》中。狡猾的狐狸捕捉山鸡时，总是先蜷缩起身体，耷拉下耳朵，隐蔽起来等待山鸡的到来。山鸡相信自己不会遇到危险，便放松了警惕，所以容易出其不意地被狐狸捉到。如果狐狸像怒目金刚一样，杀气腾腾、张牙舞爪，山鸡肯定会因为害怕而远走高飞，那样狐狸也就不可能得逞了。这个故事在提醒人们，狡猾的敌人往往善于掩饰，通过阴谋诡计祸害人。

狼狈为奸

原意指狼和狈经常合伙伤害牲畜，后来比喻坏人互相勾结做坏事。

【出处】

出自唐朝段成式《酉阳杂俎·毛篇》："狼狈是两物，狈前足绝短①，每行常驾于狼腿上，狈失狼则不能动，故世言事乖者称狼狈。"

① 绝短：非常短。

【小档案】

狼，哺乳纲，食肉目，犬科。犬科动物中形体最大的一种，在自然界中分布广泛。一般为棕灰色，通常双耳直立，尾巴垂直向下，尾毛蓬松。耐力良好，适应性强，集群或单独活动，夜行性，听觉、嗅觉敏锐。生性凶悍残忍，不仅捕食比它们大的动物，甚至有时伤害同类；机警狡猾，极善奔跑，常对所捕捉猎物穷追不舍。雌狼孕期为两个月，每胎1到10只幼仔，平均寿命13年。

【成语飞花】

狼心狗行：原意是心肠像狼，行为像狗，后来比喻贪婪凶狠，卑鄙无耻。出自罗贯中《三国演义》第七回。

狼子野心：原指本性凶狠残忍，后来比喻坏人用心狠毒。出自《左传·宣公四年》。

引狼入室：原意是把狼招引到家中，后来比喻结交坏人，招来灾祸。

出自张国宾《罗李郎》。

　　狼是哺乳纲食肉目犬科中体形最大的动物，外形像我们今天见到的狼犬，分布在世界各地。狼这种动物不仅耐热，而且耐寒，属于群居动物，有着像人一样的家庭组织，而且等级分明，它们总是把德高望重的长者奉为首领。在狼的家族中，只有作为首领的公狼才有和母狼交配的权利。我们知道野猪生性残忍，但狼却是野猪最危险的天敌，尤其是在野猪繁殖哺育期间，狼对它们更是虎视眈眈。当然，狼也是草原上羊群最可怕的敌人。

　　狼由于本性凶狠而得不到人们的喜爱，即便出现在成语中的时候，也几乎无一例外地充当着反面的角色，蕴含着无限的贬义。比如"狼心狗肺"形容一个人心肠狠毒或忘恩负义；"狼狈不堪"形容处境或遭遇进退两难；"如狼似虎"形容凶狠残忍；"羊狠狼贪"本意指为人凶狠，争夺权势，后来比喻贪官污吏的残酷剥削；"如狼牧羊"比喻酷吏残害百姓；"声名狼藉"形容一个人名声败坏；"豺狼当道"比喻像豺和狼那样的残暴之人当权。以上这些及"成语飞花"中的成语，无不反映着狼的本性。如果说一定要找到褒义的成分，恐怕只有比喻容易办到的事情的"豺狼逐羊"和形容吃东西既快又猛还多的"狼吞虎咽"了。

　　《狼和小羊》的故事大家应该耳熟能详，恐怕没有人能够从记忆中抹除它给我们留下的以强凌弱的狼可恶而可怕的形象。为了警诫人们滥施仁慈，我们不妨再重温一下关于"东郭先生"的故事吧！这个故事出现在明朝人马中锡的《东田文集》中，原名为《中山狼传》。春秋时期有个人叫赵简子，一次他在中山国打猎，射中了一只狼，但这只狼并没有倒地死亡，而是带着箭逃跑了，赵简子在后面紧追不舍。这只受伤的狼遇到了骑着毛驴赶路的东郭先生，可怜地向他求救："先生，有个猎人在追赶我，我已经筋疲力尽无路可逃了，您是读书人，知书达礼，心怀慈悲，赶快救救我吧！"东郭先生看着狼一副可怜兮兮的样子，动了恻隐之心，于是卸掉驴背上的书袋，把书倒出来。但是书袋毕竟狭小，狼为了保住性命，主动请求东郭先生绑住它的腿脚后再装进袋里。先生依照狼的主意装好后，把袋子放到驴背上，并压上书籍。这时赵简子追到了东郭先生的跟前，看着驴背上的书袋鼓鼓囊囊，有些怀疑，就问："先生，您看到过一只受伤的狼吗？"东郭先生紧张地回答："啊……啊……，没……没看见。"赵简子信以为真，就继续去追赶了。赵简子离开后，狼在袋子里大叫："快把我放出来，我快闷死了！"东郭先生把狼放出来，并为它松了绑，但狼蹲在东郭先生的面前，久久不肯离开。东郭先生感到非常纳闷，就问："你为什么还不赶快逃命啊？"出乎意料的是，狼面目狰狞，恶狠狠地说："我现在浑身是伤，而且一天没有吃东西了，饿得要命，你好事做到底，不如再帮帮我，让我把你吃了吧，这样我才能免除饥饿，有力气逃命啊！"东郭先生听到恶狼这番忘恩负义的话，惊得目瞪口呆，不知道怎么办好。正在这时，一位老人路过这里，东郭先生急忙走上去请老人评理，说："我好心好意用书袋救了它，它不仅不感谢我的救命之恩，反而要吃我！"狼说："不错，他是把我装进书袋里，但上面压了很多书，这不分明是要闷死我或压死我吗？"老人指着书袋说："书袋这么小，你的个头这么大，你能被装进去？我绝对不信！"狼为了证实给老人看，再次让东郭先生绑住它的腿脚，塞进书袋里。老人立即帮助东郭先生把书袋扎紧，拔出尖刀，把狼杀死在袋子里。之后，老人告诉东郭先生说："无论什么时候，狼性都是难改的，一定要记住这个教训啊！"

我们说说"狼子野心"。前面已经提到，这个成语出自《左传·宣公四年》。春秋时期，楚国司马子良生了个儿子，取名越椒。子良的哥哥令尹子文说："这个孩子将会给我们家族带来祸患啊，你看这个孩子样子像熊虎，哭起来声音像豺狼。最好把这个孩子杀掉！俗话说'狼子野心'，那意思是说，狼崽子虽然很小，但本性是凶恶的。这个孩子就是一只狼，我们能养着他吗？"当爹娘的肯定舍不得杀死孩子，子文为此整天愁眉不展。子文临死的时候，把家人们都召集到跟前，交代道："如果越椒执政，你们要尽可能离开楚国，以免引祸上身。"子文死后，先是子文的儿子做令尹，后来被杀，果然越椒坐上了令尹的职位。越椒还不满足，就带人造反，向楚王发起了攻击。经过几次交战，被楚王消灭。真的应了子文的话！人们就用这个成语比喻凶暴的人野心大。

再来说说"狼狈为奸"吧，这个成语出自唐朝段成式的《酉阳杂俎》。据说狼和狈谁也离不开谁，狼的前腿长、后腿短，狈的前腿短、后腿长。狈每次出去都需要把自己的前腿搭在狼的身上，要不寸步难行。狼和狈经常联合起来去偷吃人家的牲畜。狼充分发挥前腿长的优势，狈就利用自己后腿长的优点，这样互相取长补短，既跑得快，又站得高，就能很轻松地偷走人家的羊了。人们就用这个成语形容坏人互相勾结，一起干坏事。

狼虽然很凶残，有时也会栽在一个小孩子手里，这就是《牧童和狼》的故事，这是《聊斋志异》里的一个故事。两个小牧童在山里发现一个狼窝，里面有两只小狼，于是就每人抱了一只，各自爬上一棵大树，两棵树之间相距说远不远，说近不近。刚爬上树不大一会儿，小狼的妈妈回来了，发现窝里的小狼不见了踪影，急得东张西望。一个小牧童故意掐小狼的耳朵，让小狼发出叫声，大狼听到后恶狠狠地扑到了树下，一阵咆哮，恨不得把小牧童撕个粉碎。另一个小牧童见状，赶紧也掐小狼的腿，让它发出叫声，大狼又返回身来扑到这棵树下一阵咆哮。两个小牧童像发现了乐趣似的，轮流让小狼叫唤，引得大狼在两棵树下不停奔跑。就这样来来回回几十次，大狼的叫声越来越小，脚步越来越慢，后来干脆倒在了地上，抽搐了几下，断气了。是不是没想到两个小牧童竟然懂战术？这叫以逸待劳！

狗尾续貂

　　用狗的尾巴代替貂的尾巴充数，比喻用不好的东西续在好东西的后面，以致前后不相称。

【出处】

　　出自唐朝房玄龄《晋书·赵王伦传》："每朝会①，貂蝉②盈③坐，时人④谓之谚曰：'貂不足，狗尾续。'"

　　①朝会：大臣在朝廷上参见天子。

　　②貂蝉：装饰在帽子上的貂尾和蝉羽，也指用貂尾和蝉羽装饰的帽子，这里用来指代戴有这种帽子的官员。

　　③盈：满。

　　④时人：当时的人。

【小档案】

　　貂，哺乳纲，食肉目，鼬科。体形细长，四肢短健，尾巴蓬松，体重一般 1～1.5 千克。生性机警，动作灵巧敏捷，善于攀缘。食物的选择范围比较广泛，可以捕食小型动物，也可以松子和浆果充饥。绒毛细密柔滑，富有光泽和弹性，被称为软黄金。紫貂是国家一级保护动物，石貂和黄喉貂是国家二级保护动物。

【成语飞花】

　　狗续金貂：比喻滥封的官吏。出自筱波山人《爱国魂》。

貂狗相属：指真假优劣混杂在一起。出自崔倬《叙石幢事》。

貂裘换酒：用皮衣和身上的金貂装饰物换酒，形容文人狂放不羁。出自房玄龄《晋书·阮孚传》。

貂属于哺乳纲食肉目鼬科貂属动物。这种动物除了喉部有橙黄色的斑点外，全身其他部位的皮毛为黑褐色，分布在中国的主要是紫貂，主要可见于东北地区、东部山区、长白山地区以及新疆北部的阿尔泰林区等。紫貂听觉、视觉发达，生性机警，动作灵巧敏捷，善于攀缘，在高大的树木上跳跃如走平地一般。它们喜欢把自己的家安置在石缝中、树洞里或者树根下。这绝不是一个简单的卧室，因为里面还有厕所和仓库，即便仅就卧室而言，也是非常讲究的，除了铺有软草之外，还有鸟羽和兽毛。它们非常勤快，总是把自己的安乐窝收拾得干净整洁。它们食物的选择范围比较广泛，比如松鼠、野兔、小鸟、鱼、昆虫等，另外，松子和浆果也可以供它们充饥。每年的夏秋之交，是紫貂的主要交配受孕季节。众所周知，紫貂是非常珍贵的皮毛兽，绒毛细密柔滑，富有光泽和弹性，向来被看作珍品，甚至在国际市场上被称为软黄金。

除了紫貂之外，中国的东北、华北、西南等地还有一种貂，叫黄喉貂，这种貂个头比较大。与紫貂不同的是，这种貂喜欢在白天活动，而且凶猛残忍，经常对比自己庞大的动物群起而攻。黄喉貂除了和紫貂有相同的食性外，还会捕捉林麝、小野猪等，当然也属于集体劳动成果。黄喉貂还有一个嗜好，那就是喜欢吃蜂蜜，所以被人们送了个"蜜狗"的雅号。黄喉貂的皮毛虽然也可以制作皮衣，但从质地上来说，远不如紫貂的珍贵。

关于貂的成语和它们在自然界中存在的数量一样，非常稀少，而且当"貂"在成语中出现的时候，"狗"多数会不失时机地紧随其侧。比如狗尾续貂、狗续金貂、狗续貂尾、貂狗相属等，莫不如此。

当我们提到"狗尾续貂"的时候，都能知道那是说用不好的东西续在好东西的后面，以致前后不相称的意思。但它是怎么来的，恐怕就很少有人深究了。司马氏建立了晋朝政权后，总结了曹魏政权灭亡的原因，认为是皇族子弟没有权力，结果在国难到来的时候无法扭转时局。于是，晋武帝司马炎一继位，马上分封了27个同姓王，而且他们都有自己的军队和任命官吏的权力。开始倒还相安无事，可到了性格懦弱的惠帝司马衷当政时，外戚杨骏掌握了朝政大权。贾后联络各地王侯，讨伐杨骏，之后又利用各诸侯王之间的矛盾密谋杀害了他们中的许多人，并专政八年。贾后并没有为社会带来安定，而是飞扬跋扈、胡作非为，甚至毒死了太子，结果激怒了其他王侯和大臣。赵王司马伦抓住时机，处置了贾后，并当了宰相。而赵王对当时的结果并不满意，于是在一年后软禁惠帝，自己当了皇帝。所谓一人得道，鸡犬升天，赵王当了皇帝后，就把他的同党，不论文官还是武将，甚至侍从、士兵等，都封了不同的官职。那时官帽都要用貂尾巴做装饰的，结果他封的官太多了，国库里没有那么多貂尾巴，没有办法，只好用狗尾巴来充数了。这样一来，每次上朝的时候，朝廷上都是人头攒动，到处都是貂尾、狗尾乱晃。

貂尾本身的价值昂贵自不必说，当它被用作官帽的装饰时，同时就具有了一种新的含义，那就是身份的象征。但，自古以来就有狂士，晋朝人的行为更是怪异甚至荒诞不经，当时一个重要的文化要素是"酒"，所以后世就流传下来许多当时和酒有关的狂士佳话。阮孚是"竹林七贤"之一阮咸的儿子，才华出众，放荡不羁，而且像阮咸一样喜欢杯中之物。晋朝统治者欣赏他的才能，也为了招揽人心，就任命阮孚为官。阮孚行为虽然有所收敛，但仍不时潇洒一次。一次，酒喝到高兴处，竟然解下头上的貂尾拿去换酒。在封建社会，这可是有失官体、要掉脑袋的事情。有人揭发了这件事情，皇帝心中非常恼火，但碍于人才难得，就原谅了他。

猫鼠同处

猫和老鼠睡在一起，比喻上下沆瀣一气，臭味相投。

【出处】

出自欧阳修、宋祁等《新唐书·五行志一》："龙朔元年①十一月，洛州②猫鼠同处。"

① 龙朔元年：龙朔是唐高宗李治的年号，龙朔元年即公元 661 年。

② 洛州：洛阳。

【小档案】

猫，哺乳纲，食肉目，猫科。分家猫和野猫，其中家猫遍及全球，野猫广泛地分布在非洲和欧亚大陆。家猫性温顺，喜温暖、爱清洁、善攀爬，体色和花纹多样。分布在中国西北地区的荒漠猫是我国的特有物种，体形比家猫大，体长 60～68 厘米，体重 4～8 千克，性孤僻，喜独居生活，以鼠类为食，属国家一级保护动物。

【成语飞花】

猫哭老鼠：比喻假慈悲。出自《说唐》第六十二回。

猫噬鹦鹉：比喻排挤、压抑善良的人。出自岳珂《桯史·鹦鹉谕》。

照猫画虎：形容照样模仿。出自李绿园《歧路灯》第十一回。

猫属于食肉目，所以俗语中有"没有猫儿不喜欢腥的"，也有人根据它们喜欢吃肉的特点叫它们"馋猫"。野猫广泛地分布在非洲和欧亚大陆，而家猫则遍布全球的各个角落。动物学家认为，家猫是从非洲野猫和欧洲野猫发展驯化而来的。今天的家猫不仅走进了千家万户，而且成为许多人喜爱的宠物。当猫吃饱喝足的时候，往往表现得非常安静，眯着眼睛趴在一个舒适的地方养神，如果猫进入熟睡状态，它的呼噜声是非常响的。如果仔细观察，你会发现猫是比较喜欢干净的。清晨醒来伸过懒腰之后，就会用舌头不停地舔爪子，然后用被舔过的爪子去"洗脸"；无论是大便还是小便，它基本都固定在同一个地方，如果没有固定的地方，它就会用爪子在地上挖一个坑，方便之后再盖上。猫的爪子是非常锐利的，除了捕鼠和发怒的时候会伸出来之外，平时都是缩起来的。

　　猫和老鼠是天生的一对冤家，捕捉老鼠是猫的天职。但传说猫和老鼠原本是好朋友，它们知道要从所有的动物中选出 12 位作为十二生肖的时候，曾经叮嘱对方互相提醒，好一块儿去应选。老鼠害怕猫成为自己强有力的对手，第二天早上独自应选去了。当猫醒来的时候，发现老鼠不在，马上赶到应选现场，结果十二生肖已经确定了，而且老鼠排在第一位。猫越想越气，决定找老鼠问个究竟，而老鼠对自己没有叫醒猫的做法感到很惭愧，心中害怕见到猫，于是看到猫向自己走来，就赶快跑掉。这样，原本是朋友的猫和老鼠就结下了难解的仇怨。

　　猫捉老鼠主要是在晚上，因为老鼠大多在晚上活动。养精蓄锐的猫机警地注视着四周的动静，有时静静地蹲在老鼠洞口。猫和老虎一样，爪子下面有一个厚厚的肉垫，走起路来没有声响，所以老鼠不容易察觉到。一旦发现老鼠，猫就会用最快的速度将它逮住，然后美美地享受自己的战利品。如果此时的猫还不需要进食，那么它并不马上置老鼠于死地，而是把老鼠放在自己可以控制的范围之内，逗它玩，玩够之后再吃掉。如果猫正在享用美味的时候你出现在它的面前，它会马上停下来，注视着你，而且发出示威一样的声音。

成语中很少见到猫的影子，仅有的几个也充满了贬义。比如"猫鼠同处""猫鼠同眠""猫鼠同乳""猫哭老鼠""猫噬鹦鹉"等，这里面的猫都是反面形象，无一例外。前面已经说过，捕捉老鼠是猫的天职，但在《新唐书》中偏偏出现了猫失职甚至渎职的怪事。唐高宗龙朔元年十一月，洛阳一带闹鼠灾，后来经过仔细的调查，发现是猫和老鼠共同造成的。原来，在当地有一种猫又馋又懒，遭到了人们的厌恶，并被驱逐出家门。这些猫为了生存下去，就和老鼠结成伙伴，它们不仅为老鼠建造洞穴，而且趴在洞穴外保护老鼠的安全，老鼠则为猫偷东西吃。开始，人们见到猫趴在洞口睡觉，认为是它们自己的住处，没有多想，这样老鼠就躲过了人们的捕杀。真相大白之后，人们采取熏烤和灌水两种方法双管齐下，一举歼灭了这些狼狈为奸的猫和老鼠。

还有两个猫和老鼠的成语故事，一个《猫噬鹦鹉》，一个《猫祝鼠寿》。说的是有个人买了一只猫，为了能让猫好好地抓老鼠，还专门挑了个好日子去买。但是这只猫对老鼠不闻不问，任凭老鼠折腾破坏。让主人更生气的是，这只猫竟然搞坏了鹦鹉的笼子，把里面的鹦鹉给咬死了。可以想见，猫从益畜变成了害畜，主人能饶得了它吗？这就像公务员，如果不好好想着怎么为百姓服务，老去刁难老百姓，那就是"猫噬鹦鹉"。另一个故事说的是有一只老鼠躲在瓶子里，猫抓不到它，就用胡子去轻轻碰触老鼠的鼻子，老鼠鼻子一痒，就打起了喷嚏。猫在外面向老鼠友好地打起了招呼，还说："祝你长命千岁！"老鼠一听笑了："你这哪里是为我祝寿啊，明明是想把我忽悠出来作为美食罢了。"后人就用这则寓言故事讲这样一个道理，要认清本质，千万不能被一时的表面现象所蒙蔽。

明朝时期，万寿寺有个叫彬师的和尚，他养了一只猫。一次，和尚对朋友说："大家都知道鸡有五德，其实我的这只猫也有五德。第一，看到老鼠不捕杀，这是仁慈；第二，老鼠争夺它的食物它就让出，这是义气；第三，客人到来安排饭食的时候就出去，这是礼貌；第四，无论你收藏多么严密的东西它都能找到，这是智慧；第五，一到冬天总是钻进炉灶取暖，这是守信。"看来，失职的猫还真的不少呢！彬师和尚的话更大程度上是为了幽默，当然，其中不乏讽刺的意味存在。

　　既然如此，我们就一起了解一下《郁离子》中《患鼠乞猫》的故事吧。有个越国人，因家有鼠患，就到中山国去找了一只猫。中山人给了他一只捕鼠能手，但是也有个毛病，就是这只猫还爱吃鸡。过了一个多月，家里的老鼠被猫抓干净了，但是鸡也被猫吃完了。他儿子很发愁，对父亲说："我们干脆把猫也杀了吧。"父亲语重心长地说："其中的道理你可能还没有领悟。我们的祸患是什么？是老鼠，并不在于有没有鸡。你想原来老鼠成灾的时候，偷吃我们的粮食，咬坏我们的衣服，在墙上打洞，还把我们的家具搞得乱七八糟。没有粮食我们就要挨饿，衣服坏了我们就要受冻，不比没有鸡危害更大吗？没有了鸡，也就是不吃鸡蛋，少吃鸡肉，那不是我们每天的必需品，至少不至于挨饿受冻，可是没有了衣服和粮食，那就不一样了。这就是我们不能杀死猫的原因。"这个成语故事告诉我们，很多时候一件事往往具有两面性，必须抓住主要矛盾，求得利益最大化。

豹死留皮，人死留名

原意为豹子死了还要把皮毛留在世上，比喻人应该为后世留下美名。

【出处】
出自欧阳修《新五代史·王彦章传》："彦章武人^①不知书，常为俚语^②谓人曰：'豹死留皮，人死留名。'"

①武人：行伍之人，军人。
②俚语：俗语，民间语言。

【小档案】
豹，哺乳纲，食肉目，猫科。一般生活在海拔较低的茂密森林、山谷、平地、丛林和荒漠地带。性机警，视觉、听觉、嗅觉灵敏，迅猛胆大，不但攻击大型的草食动物，甚至连老虎和凶猛的野猪也敢主动攻击，善游泳。独栖夜行，高速奔跑时速度可达60千米/小时，跳跃达6米远。雌豹孕期3个多月，每胎1～3个，平均寿命16年。国家一级保护动物。

【成语飞花】
管中窥豹：比喻从观察到的一小部分而推出全体，也比喻看不到事物的全貌，只能是片面的了解。出自刘义庆《世说新语·方正》。

南山豹隐：比喻那些隐藏不出或在幽静的深山中修身养性的人。出自刘向《列女传》。

龙骧豹变：比喻书法气势壮盛而善于变化。出自张怀瓘《书断·神品》。

豹子也是猫科动物，几乎在世界各地都可以见到豹的踪迹，在中国境内最常见的是金钱豹和雪豹。金钱豹的外形像老虎，但个头比老虎小，体重在 60 ～ 100 千克，尾巴长达 1 米。金钱豹行动诡秘，白天休息晚上活动，活动范围比较大，奔跑速度非常快，而且没有声音。金钱豹善于游泳，视觉、听觉、嗅觉都非常好，机警大胆。雪豹分布在我国西藏、四川、内蒙古以及西北的一些地区。雪豹体形像金钱豹，全身灰白色，活动规律和金钱豹相同，属于昼伏夜出型的。以上两种豹子，数量都在急剧减少，所以都被列为国家一级重点保护野生动物。

和豹子有关的成语，除了"成语飞花"中的几个以外，还有比喻凶残权臣的"九关虎豹"，泛指凶猛动物和比喻恶人歹徒的"狼虫虎豹"，比喻胆大的"熊心豹胆"，比喻高妙用兵谋略的"熊韬豹略"，比喻珍惜自己名声的"虎豹爱爪"，比喻以小见大或以偏概全的"窥豹一斑"，比喻议论风发、能言善辩的"龙腾豹变"，形容生活奢侈的"翠被豹舄"，形容勇士长相的"龙眉豹颈"。另外，"龙肝豹胎"指极其珍贵稀有的食品。以上这些成语，都从不同角度反映着豹子的某种特点。

"南山豹隐"这个成语出自汉朝刘向的《列女传》。在南山上生活着性情凶猛的豹子，它们经常游荡到山下，在附近的村子里寻找食物，以至于人们所养的家畜家禽常常受到侵扰。猎人们通过一段时间的观察，终于掌握了豹子下山活动的规律。于是豹子在下山寻找食物的时候，总是遭到猎人的袭击，豹子只好逃回深山中，不再侵扰山民。一段时间过去了，猎人们在山下等不到豹子的出现，就到山中寻找。但是，猎人们在深山中寻找了很长时间，最终也没有见到豹的影子。他们拖着疲惫不堪的身体回到山间的一座小屋中，向屋里的老人诉说了事情的经过。老人听后说："你们回去吧，不要再找了。"猎人们对老人的行为感到莫名其妙。老人解释说："豹子在雾雨中可以 7 天不下山寻找食物，它们这样做是为了让雾雨润泽自己的皮毛，并让自己和大自然融为一体，从而隐藏以避免祸害。它们既然不下山侵扰你们的生活了，为什么还一定要置它们于死地呢？"后来，猎人们听从了老人的劝告，从此山上山下相安无事。

古人非常重视名节，重视后世对于自己的评价。南宋文天祥的"人生自古谁无死，留取丹心照汗青"如此，五代王彦章的"豹死留皮，人死留名"也是如此。王彦章是五代时期后梁著名的将领，因为作战勇敢，使一条铁枪，人称"王铁枪"。一次，晋军俘虏了王彦章的家人，并劝说王彦章投降，王彦章意志坚定，杀死了晋军派来的说客。王彦章虽然忠勇，但他遇到了一个昏庸的君主，在奸臣的怂恿下，王彦章失去了皇帝的信任。没有了"王铁枪"的抵抗，晋军节节胜利，后梁的君主慌得手忙脚乱。在宰相的极力保荐下，王彦章终于又出现在了战场上，虽然取得了一些胜利，但结果因为双方力量悬殊而失利。奸臣们再次蛊惑是非，王彦章又一次被罢免了。后来，在后唐军队进攻的逼迫下，朝廷无奈又起用了王彦章，但没有兵马，王彦章的身边只有 500 人，而且这些人根本不会打仗。王彦章即便再英勇，也招架不住后唐兵多将广，最后身受重伤，被后唐军队俘虏。唐庄宗非常欣赏他的才能和赤胆忠心，恳请他为后唐效劳。王彦章义正词严地说："我接受了梁国的恩惠，即使死了也不能报答，让我投降你国，连门儿都没有！俗话说'豹死留皮，人死留名'，我跟你们打了十年的仗，我承认今天败了，但是如果向你们投降，还有什么脸面去面对天下呢？我没有别的要求，只求一死。"说完这番话，王彦章便英勇就义了。

虎口余生

原意是从老虎嘴里逃脱，后来比喻经历了非常大的危险，侥幸保住了性命。

【出处】

出自庄周《庄子·盗跖》："孔子曰：'然①。丘②所谓无病而自灸③也，疾走料④虎头，编⑤虎须，几⑥不免虎口哉⑦！'"

①然：肯定回答，相当于"是的"。

②丘：孔子的名，这里是孔子自称。

③灸：针灸，治疗。

④料：撩，有招惹的意思。

⑤编：梳理，也有招惹的意思。

⑥几：近于，几乎。

⑦哉：表示感叹的语气副词。

【小档案】

虎，哺乳纲，食肉目，猫科。头圆，耳短，颈粗，牙齿尖锐，视觉、听觉灵敏，四肢强壮有力，爪能收缩，行动轻巧敏捷，悄然无声。夜行性，单独活动，可游泳，不善爬树。性凶猛。捕食野猪、羚羊、鹿等，有时也伤人。分布于亚洲。中国有东北虎和华南虎，其中华南虎是我国特有的亚种。国家一级保护动物。

【 成语飞花 】

苛政猛于虎：形容政令严酷，赋税繁重。出自《礼记·檀弓下》。

引虎自卫：本指引来老虎保护自己，比喻企图仰仗恶势力，反而身受其害。出自罗贯中《三国演义》第六十三回。

谈虎色变：原指曾经被老虎伤过的人，一谈到老虎，脸色就变了，比喻一提到可怕的事情，神情就显得紧张。出自程颢、程颐《二程全书·遗书二上》。

在人们的心目中，老虎总是吃人的凶猛动物。事实上，老虎在动物学上属于猫科，本性是比较温顺的，而且据专家统计，吃人的老虎非常少，多数老虎看到人之后，还会主动避开。老虎属于昼伏夜出型的动物，白天在树林中睡觉，晚上出来活动。老虎虽然身躯庞大，但行动灵活，而且走路没有声音，原因是在它们的爪子下面有厚厚的肉垫。老虎一般生性孤独，不仅喜欢单独活动，而且没有固定的巢穴。但在攻击大型凶猛的动物时，也有集体行动的情况，而且群虎要听从其中一只老虎的号召；对象被杀死之后，这只相当于领导者的老虎先吃，然后其他老虎再吃，所以古人觉得老虎进食有君子之风。古人常把英雄和老虎联系在一起，《诗经》中有"矫矫虎臣"，周武王有"虎贲三百"，说人力气大叫"九牛二虎之力"，说人勇猛叫"徒手搏虎"，我们耳熟能详的武松、李逵等都有过打虎的经历，《三国演义》中更是有"五虎上将"。两三千年前的《尚书·周书》上也曾有周武王猎虎的记载，而且当时把老虎和山猫看成同类。后来，由于环境的改变和老虎本身的变化，世界各地老虎的数量都在减少，所以中国已经把老虎列为国家一级重点保护野生动物。

老虎是有感情的动物，尤其是对于自己的孩子更充满了浓厚的亲情，所以我们说"虎毒不食子"。在清朝人王士禛的《池北偶谈》中，有一个关于"义虎"的故事，说的是一个樵夫被虎救助和樵夫感恩报答，表现出了人虎之间情谊相通。另外在明朝人冯梦龙的《古今谭概》中也收了一个《虎好谀》的故事，说凤翔李将军被老虎抓住，老虎蹲在他的身上，李将军不住地喊："大王饶命，大王饶命！"老虎显得非常高兴，于是放了他。

虎在成语中出现的频率非常高，总数仅次于马。比如"骑虎难下"比喻做事中途遇到困难，但迫于形势又无法中止；"虎背熊腰"形容一个人高大魁梧；"龙骧虎视"形容人气势威武；"虎尾春冰"比喻处境非常危险；"两虎相斗"比喻两个强者之间的争斗；"虎视眈眈"形容恶狠狠地盯着，将要下手夺取；"虎口拔牙"比喻触犯有权势的人或冒着很大的风险做事情；"虎入羊群"比喻强者对弱者任意践踏伤害；"养虎为患"比喻纵容坏人或比自己强大的对手，后患无穷；"调虎离山"比喻通过计谋使对方变有利为不利，从而进行攻击；"如虎添翼"比喻因为某种势力的加入，使原本就强的势力变得更强了；"与虎谋皮"比喻和恶人商量，希望对方放弃自己的切身利益，是一定办不到的；"为虎作伥"比喻帮助坏人做伤天害理的事情；"龙潭虎穴"比喻危险的境地。

"三人成虎"出自《战国策》，比喻谣言如果一传再传，就能够起到迷惑人心的作用。战国时，魏国和赵国为了抵抗其他国家的侵犯，打算结成联盟。为了表示诚意，双方约定互相派一人到对方国家做人质。魏国决定派太子做人质，由大臣庞葱陪同。庞葱担心自己走后有人在魏王面前说自己的坏话，于是在临行前对魏王说："如果有一个人对您说大街上有一只老虎，您相信吗？"魏王摇摇头说不信。庞葱接着说："如果有两个人对您说街上有老虎呢？"魏王回答说："我会有些怀疑。"庞葱又问："如果三个人说街上有老虎呢？"魏王肯定地说："那我就当然相信了。"庞葱听后，非常感慨："老虎不会跑到大街上来，这是大家都知道的事情，可是有三个人这么一说，就好像大街上真的有老虎了。现在我要陪同太子到赵国做人质了，肯定会有人在大王面前说我的坏话，而且不止三个人。希望大王明察，不要轻易相信他们。"魏王安慰庞葱说："你就放心陪太子去吧，我明白你的意思。"后来，果然有一些人到魏王面前搬弄是非，诋毁庞葱。起初，魏王还非常警惕，对这些人的话不以为然，可时间一长就产生了怀疑。结果，等到太子回国后，魏王没有召见庞葱。

如果我们读过纪晓岚的《阅微草堂笔记》的话，可能还记得其中有一个《虎化美妇》的故事。有一个人进山打柴，看见一位漂亮的妇人正在山涧对面走着，衣服装饰完全不像一般人家。打柴人担心是个妖怪，于是趴在草丛里不敢作声，静静地盯着妇人。这时两只鹿走了过来，一只大的，一只小的，到水边喝水。美妇人看到了两只鹿，她突然把鹿扑倒在地，美妇人竟然变成了一只老虎。身上的漂亮衣服也像蝉蜕一样掉到了地上。老虎吃完了两只鹿之后，又变回了美妇人的样子，穿好衣服，戴好首饰，在水边照照自己的影子，然后慢慢沿着山路走去，还是那么娇媚多姿，可能她已经忘记了自己是只老虎。

还有一个《虎骇化缘》的故事。有一个强盗和一个和尚在路上遇到了老虎，强盗拿起武器就要和老虎格斗。老虎能怕吗？步步往前紧逼。就在这紧要关头，和尚拿起自己化缘的钵子向老虎扔去。老虎低头看了看化缘钵，转身跑开了。老虎的儿子边跑边问："你看到强盗不害怕，为什么看到和尚反倒这么害怕呢？"老虎气喘吁吁地说："强盗来了，我可以用体力和他格斗；可是和尚要向我化缘，我拿什么给他？"后人往往用这个故事说明有些道行不好的修行人化缘比强盗抢劫还要可怕。其实这个故事还应该有另一种理解，那就是当自己在某一方面有缺陷的时候，内心往往是充满恐惧的。

虎背熊腰

形容人身体魁梧健壮。

【出处】

出自无名氏《飞刀对箭》二折："好汉，狗背驴腰的。哦！是虎背熊腰。"

【小档案】

熊，哺乳纲，食肉目，熊科。主要包括棕熊、黑熊、马来熊以及白熊等。性机警，杂食性，通常独栖，大多视觉较差，部分有冬眠习惯。国家保护动物。

【成语飞花】

老罴当道：比喻猛将镇守要塞。出自李延寿《北史·王罴传》。

熊咆虎啸：原指熊在咆哮，虎在吼叫，后来比喻痛快喝酒的人大声喧闹。出自韩愈《祭河南张员外文》。

熊经鸱顾：古代一种养生术，仿熊攀树和鸱鹰回头看的动作。出自范晔《后汉书·方术列传》。

熊是大型哺乳纲食肉目动物。棕熊主要分布于中国东北、西北和西南地区；亦见于欧洲、北美洲和印度等地。黑熊分布广泛，中国西北、西南、长江流域、广东、广西等地都可以见到；亦见于俄罗斯、日本、越南、印度、尼泊尔等国家。马来熊分布在中国云南南部；亦见于东南亚等地。白熊又叫北极熊，分布在涉及北极圈周边的国家，包括冰岛、丹麦、美国、挪威、加拿大、俄罗斯等国家。熊这种动物平时行动迟缓，但在危险的时刻却能迅速逃窜。熊的嗅觉和听觉非常灵敏，但视觉比较差，所以我们有时候称黑熊为"黑瞎子"。熊能够像人一样直立行走，善游泳，耐力很强，会爬树，而且爬树的速度很快；特别是马来熊，只要是能够支撑体重的树木，它们都能爬上去。熊的样子虽然让人害怕，但它们一般情况下不会主动攻击人，当然冬眠结束后的极度饥饿或受伤以及保护幼小的子女时，人最好不要去招惹它们。据说，有些熊不吃已经死去的东西，所以在一些漫画故事中经常可以见到人通过装死从熊嘴逃生的情节。

可爱的大熊猫也和上面那些比较凶猛的熊属于同类。众所周知，大熊猫是我国特有的珍稀动物，中国已经制定了保护它们的强有力措施。大熊猫体形肥硕，圆圆的脑袋，短短的尾巴，身上的毛色黑白相间，显得那么可爱。它们食量很大，主要靠吃新鲜的竹子为生，大约每天要吃20千克。

翻开成语词典，我们会发现和熊有关的成语非常少，除了"成语飞花"中的三个，还有"画荻丸熊"，形容用芦苇在地上写字，用苦味的熊胆使人振作精神读书，用以称赞母亲教子有方；"熊据虎峙"比喻群雄割据的形势；"熊经鸟申"指像熊那样在树枝上悬挂着，像鸟那样伸直着脚，为古代一种导引养生之法。其中，"老罴当道"是一个精彩动人的故事，"画荻丸熊"包含着催人奋进的精神。

《北史》中记载，北朝时北周有个大将叫王罴，"罴"即为棕熊，用"罴"命名，足以看出他的勇敢威猛程度。的确如此，王罴在战场上身先士卒，屡建奇功，被大家传为美谈。一次，王罴救援被梁军围困的荆州，把梁军打得落花流水，但梁军并没有善罢甘休，而是整顿后继续围困荆州城。在这种情况下，朝廷委任王罴为荆州刺史。他一边安抚百姓，一边抵御梁军的不断进攻。在内无粮草、外无救兵的困境中，王罴与将士们同甘共苦，身先士卒，经过无数次的苦战，最终保住了荆州。有一次，修荆州城还没有完工，把修城用的梯子留在了城外。当时东魏的高欢派韩轨、司马子如从河东连夜偷袭王罴，王罴没有发觉。天亮时分，偷袭的士兵已经爬上了梯子。而此时的王罴还在睡梦中，听到吵闹声后，马上光着膀子，光着脚丫子，头上连帽子也没来得及戴，顺手抄起一根大棍，大喊着就冲了出来："有我王罴在，谁能够过得去？"偷袭的敌兵大惊失色，一直被王罴追赶到了城东门，这时王罴的军队也已经汇集到一起，把敌人打得屁滚尿流。高欢见王罴如此英勇，便多次劝他投降东魏，王罴大喊："这儿就是我的墓地，我生是这儿的人，死是这儿的鬼，你不怕死就过来试试！"高欢已经领教过王罴的英勇，所以迟迟不敢进攻。

唐宋时期实行科举考试，所以读书人都非常勤奋。唐朝名士柳仲郢在母亲的教导下，从小就喜欢读书。少年时期，柳仲郢的母亲韩氏用熊胆汁调制成药丸，让他夜里读书时咀嚼。我们知道，熊的胆汁是非常苦的，这样可以使仲郢振作精神，继续发奋读书。在母亲的苦心培育下，柳仲郢终于成为一位著名的文学家，深受当时大文学家韩愈的赞赏。宋朝文学家欧阳修年幼的时候，家境贫寒，买不起笔墨纸砚，母亲用芦苇在地上教他写字，终于成就了一代杰出的文豪。这就是"画荻丸熊"，其中不仅包含着教子有方的经验，更蕴含着虚心向学的求知精神，这些都是值得后人学习的。

投鼠忌器

比喻做事情或采取行动有所顾忌，想干又不敢放手去干。

【出处】

出自班固《汉书·贾谊传》："里谚①曰：'欲投鼠而忌器。'此善喻也。鼠近于器，尚惮②不投，恐伤其器，况于贵臣之近主乎？"

①里谚：俗谚，俗语。

②惮：害怕。

【小档案】

家鼠，哺乳纲，啮齿目，鼠科。数量多、分布广、适应能力强；不喜阳光，多生活在住房、仓库、舟车及地下通道等隐蔽处，危害人类健康和农业生产。棕色或灰褐色，听觉和嗅觉灵敏，视觉极差，无分辨颜色的能力，胆小谨慎，警觉性很高，群居夜行，性喜咬啮，繁殖能力强。

【成语飞花】

狐奔鼠窜：形容狼狈逃窜的样子。出自沈约《宋书·索虏传》。

梧鼠五技：比喻技能虽然多但都不精。出自荀况《荀子·劝学》。

罗雀掘鼠：比喻想尽办法筹措财物。出自欧阳修等《新唐书·张巡传》。

科学实验证明，一对家鼠在各项条件都具备的情况下，如果不受任何限制地终身繁殖，一生中可以生育 15000 余只，这是一个多么庞大的队伍啊！鼠类严重危害着人们的利益。它们不仅毁坏农民的庄稼，据说仅 1982 年全国因为鼠害就损失粮食 150 亿千克左右；而且毁坏人们的生产生活等设施，比如我们在谴责"千里之堤，溃于蚁穴"的时候，一定不会忽视堤坝上的鼠洞给人们造成的危害。

老鼠还是许多种疾病传播的重要载体，尤其是鼠疫在严重危害着人们的生命安全。20 世纪 70 年代末，埃及发生特大鼠害，政府为此宣布进入紧急状态，使灭鼠工作成为全国第一要务；中国的青海省更是在 1922 年发生老鼠吃人的惨案。所以，自古以来人们就在进行着坚持不懈的灭鼠工作，中华人民共和国成立之初，更是把老鼠列为四害之一。但是，自从老鼠的形象在银屏上出现之后，它们在人们心目中的形象似乎有所改善，比如《猫和老鼠》中的老鼠聪明活泼，经常让猫束手无策。

老鼠不仅在现实生活中没有讨到人们的喜欢，即便在文学中也处处作为可恶的反面形象出现，比如《诗经》中把老鼠比喻成坐享其成的统治阶级。另外，在众多的成语中它们也多数充当着反面角色，如比喻仗势作恶之人的"社鼠猛狗"，比喻有所凭借而为非作歹之人的"城狐社鼠"，比喻仗势作恶而又难以除掉的坏人的"稷蜂社鼠"，比喻成不了气候的反叛者的"狗盗鼠窃"等。和鼠相关的成语很多，其他的比如"乘车入鼠穴"比喻根本不可能的事情；"鼠肝虫臂"比喻微不足道的事情；"十鼠同穴"比喻把坏人集中在一起，以便一举歼灭；"抱头鼠窜"形容狼狈逃窜的样子；"孤雏腐鼠"比喻微不足道的人或物；"狐凭鼠伏"形容坏人失势、胆怯藏匿的样子；"狗头鼠脑"比喻奴才相；"狼奔鼠偷"形容坏人到处扰乱；"胆小如鼠"形容胆量非常小；"鼠目寸光"形容目光短浅；"痴鼠拖姜"比喻不聪明的人自找麻烦；"过街老鼠"和"老鼠过街，人人喊打"比喻害人的人和事物，人人痛恨；"蛇入鼠出"比喻行动隐秘；"蛇行鼠步"形容胆小谨慎；"蠖屈鼠伏"形容卑躬屈膝向人讨好的样子；"蝇营鼠窥"比喻到处钻营，贪婪无耻；"蚁溃鼠骇"形容敌军惊骇溃逃；"蚁膻鼠腐"

比喻趋炎附势，追逐名利；"贼眉鼠眼"形容神情鬼鬼祟祟；"贼头鼠脑"形容偷偷摸摸、鬼鬼祟祟的样子；"进退首鼠"指进退不定，犹豫不决；"雀目鼠步"比喻极度惶恐；"雀角鼠牙"本指强逼女子成婚而引起诉讼，后泛指案件、争吵；"雉伏鼠窜"指恐惧地躲藏，惊慌地逃窜；"首鼠两端"形容犹豫不决、动摇不定的样子；"马捉老鼠"比喻瞎忙乱；"鸟骇鼠窜"形容惊恐逃窜；"鸮鸣鼠暴"比喻恶人气焰嚣张；"鸱张鼠伏"比喻时而嚣张，时而隐蔽；"獐头鼠目"形容人的面目猥琐，心术不正；"鼠入牛角"比喻势力越来越小；"鼠心狼肺"形容心肠阴险狠毒；"鼠穴寻羊"比喻没有功效的做法；"鼠肚鸡肠"比喻人气量小，不能容人。

老鼠的特点是胆小谨慎，但被逼得走投无路时也会"穷鼠啮狸"，于是后人就用这个成语比喻一个人被压迫太狠，虽然明知不会胜利，也一定会反抗。老鼠打架会被我们称为"窝里斗"，但换个角度，又具有了勇敢的含义，比如"两鼠斗穴"经常被用来比喻两军在险狭之地相斗，勇敢善战的一方获胜。

讲一个《鼠技虎名》的故事吧，这个故事出自明代江盈科的《雪涛小说》，是以第一人称的口吻讲的。楚地人把老虎称为老虫，姑苏人却把老鼠称为老虫。"我"在长洲任职，因公到姑苏的东娄去办事，晚上住在驿馆中。刚灭了灯准备睡觉，就听到有碗盘破碎的声响。"我"问看门的仆人是怎么回事，看门的仆人说："是老虫。""我"是楚地人，一听老虫惊慌失措，就慌张地问："在城里怎么会有这种野兽？"看门人说："城里有老鼠不是很正常吗？""我"长出一口气，又问："你们为什么把老鼠叫老虫啊？"看门人笑着说："不为什么，当地风俗，就这么一代一代传下来了。"你看多尴尬，老鼠这个小东西竟然冒用老虎的威风，差一点儿把"我"吓坏。不过大家也别笑，天下还真有冒用虚名恐吓人的事，比如那些欺压老百姓的人往往就是鼠辈冒充虎名。

在明代宋濂的《龙门子凝道记》里，有一个《焚鼠毁庐》的故事。越西有个单身汉，他用芦苇、茅草等盖了个房子，虽然很简陋，但也能遮风挡雨，算是有了安身之处，过起了自耕自种自食的生活。人勤地不懒，很快家里就有了存粮，不用再东家借、西家讨地生活了。可是麻烦事也接踵而至，家里有存粮，因而招来不少老鼠，甚至那些老鼠大白天成群结队地在他眼前乱窜，完全不把他当回事。更不要说晚上了，老鼠能闹一夜，让他心烦意乱，甚至满腔怒火，单身汉决定想办法解决这个问题。

这天，单身汉喝了点儿酒，刚回到家里躺到床上，老鼠又成群结队地开始大闹了，不是东边响，就是西边闹，有的老鼠胆子大，直接爬到床上。单身汉决定不再忍耐，点燃了一个火把，追着老鼠烧。老鼠东躲西藏，被烧死不少，可是他的房子也被烧着了，粮食也被烧毁了。第二天早上，单身汉酒醒了，一看自己的房子化为灰烬，自己连个安身的地方也没有了。这个时候有人过来安慰他，他懊恼地说："人千万不可积攒怨气啊，我开始只是愤恨老鼠，一门心思想把老鼠消灭干净，可哪里想到自己的房子也没了，粮食也没了，不承想竟导致如此一场灾难。"我觉得这个故事首先批评单身汉得不偿失的愚蠢，而更重要的应该是讽刺他没有找到合适的办法。

守株待兔

原意指守候在树桩旁，等待兔子撞到上面。比喻墨守成规，企图不经过主观努力而侥幸得到意外的收获，或死守狭隘经验而不知变通。

【出处】

出自战国韩非子《韩非子·五蠹》："宋①有人耕者②，田中有株，兔走触株，折颈而死，因释③其耒④而守株，冀⑤复得兔，兔不可复得，而身为宋国笑。"

①宋：宋国，古时候的宋国指今天河南商丘一带。

②耕者：耕田的人。

③释：放下。

④耒（lěi）：耕田的工具。

⑤冀：希望。

【小档案】

兔，哺乳纲，兔形目，兔科。分布在欧洲、亚洲、非洲和南北美洲，终身生活于地面。有家兔和野兔之分，家兔多为白色，野兔多为灰褐色。体形较长，长耳朵，红眼睛，短尾巴，后腿长于前腿。性温和，怯懦胆小，灵敏机警，机敏善跑。后鼻孔较宽，便于快速奔跑时充分供氧。以植物为食，适应能力强。家兔繁殖能力惊人，春季交配。野兔多为国家二级保护动物。

【成语飞花】

动如脱兔：形容动作敏捷。出自孙武《孙子兵法·九地》。

兔死狐悲：比喻因为同类的死亡或者失败而感到悲伤。出自脱脱等《宋史·李全传》。

兔起鹘落：兔子刚跑，鹘就扑下去。比喻动作敏捷；也比喻画画、写字、写文章等下笔迅速、流畅，没有停顿。出自苏轼《文与可画筼筜谷偃竹记》。

"红眼睛，白毛衫，三瓣嘴，蹦得欢。"当你听到这个谜语的时候，眼前是不是会浮现出一只活泼可爱、温顺洁净的小兔子形象呢？兔子在这个世界上出现的时间，大约可以追溯到 5000 万年以前，而有关的文献记载却相对晚些。中国文学作品中最早出现兔子大约要数《诗经》了，《国风》里面有"有兔爰爰"等句子。兔子有野兔和家兔之分，事实上，家兔也是由野兔驯化成的。为了生存的需要，野兔的毛色通常和周围的环境特别是秋季时的环境比较接近，所以我们看到的野兔多数是灰褐色的。没有危险时，兔子是非常安静的，一旦遇到危险，就拼命地逃窜，甚至对攻击自己的对象反击，这就是人们常说的"兔子急了也咬人"和"兔子蹬鹰"。如果问兔子的特点是什么，应该说主要是胆小、灵活、机警、善跑。

中国古代有一个伟大的军事家，叫作孙武，他写了一本兵书叫《孙子兵法》，其中有这么一句话："是故始如处女，敌人开户；后如脱兔，敌不及拒。"意思是说，用兵之初，要像少女一样柔弱、安静，使敌人轻视，从而放松戒备心理；时机一旦到来，就要像逃跑的兔子那样迅速攻击，使敌人来不及抵挡。这就是我们常说的"静如处子，动如脱兔"，这一军事理论在古代的战争中经常被运用。

仿佛兔子和军事、政治天生就有着不解之缘。花木兰是文学故事里替父从军的女英雄，在战场上屡建奇功。后来，木兰没有接受朝廷的封赏，而是回到了自己朝思暮想的家乡，并恢复了自己的女子妆饰。当战友来探望木兰的时候，这才惊奇地发现战场上风驰电掣的英雄竟然是个女子。在歌颂木兰的《木兰诗》里，结尾这样写："雄兔脚扑朔，雌兔眼迷离。双兔傍地走，安能辨我是雄雌？"原来，把雄兔和雌兔抓起来观察时，二者是有区别的，但是当它们都在地上跑时，人们就很难分辨了。

　　一说到"狡兔三窟"，大家都会明白是比喻狡猾的人有多个藏身的地方，但你知道它的出处吗？战国时期，有著名的"四公子"，其中齐国的宰相孟尝君就是四公子之一。四公子都喜欢养门客，这些门客都有一技之长，有个叫冯谖的人就是孟尝君的门客。一次，冯谖代表孟尝君到薛地去收债，他不但假借孟尝君的名义免除了那些贫穷人的债，而且当着他们的面烧毁了债券。回到孟尝君身边后，冯谖报告说收完债买了一些"义"回来。孟尝君知道真相后，非常生气。一年之后，孟尝君被罢免了宰相，回到薛地，当地的老百姓扶老携幼出来迎接，这时，孟尝君才了解了冯谖的良苦用心。冯谖告诉孟尝君说："狡猾的兔子都有三个洞穴，这样才能避免危险，现在您已经有了一个洞穴，我准备再为您营造两个。"于是，冯谖到了魏国，在魏王的面前说尽了孟尝君的好话。魏王一听，马上派人带着许多财物到薛地聘请孟尝君做宰相；但冯谖又告诫孟尝君不能接受聘请，使魏国的使者往返三次，孟尝君仍是拒绝了魏王的聘请。这个消息传到了齐王的耳朵里，他一看孟尝君这样受魏国的重视，如果真的被魏国请走，将会是齐国的一大损失，于是赶紧恢复了孟尝君原来的宰相职务，并亲自向他道歉。这样，冯谖为孟尝君营造了第二个洞穴。后来，冯谖又向孟尝君建议，请求齐王赐予先王的祭器，并建议孟尝君在其封地薛地建造庙宇供奉。这不仅让齐王感到孟尝君对于先王的尊敬，而且使齐王相信孟尝君对自己是忠心的，于是齐王答应了孟尝君的请求。在中国的古代，统治者的祭器是无上尊贵的，它们代表着统治者的尊严，所以凡是供奉祭器的地方，都会有重兵保护。现在，齐王答应了孟尝君的请求，就等于答应派兵保护孟尝君的封地。庙宇建成后，冯谖对孟尝君说："三个洞穴我已经为您造好了，您现在可以高枕无忧了。"

　　再来说说"兔死狐悲"。南宋时，山东沦落成了金人的地盘，老百姓受不了金人的欺压，纷纷起义。红袄军是当时较大的起义力量，由杨安儿、李全率领。起义遭到疯狂镇压，杨安儿也牺牲了，他的妹妹杨妙真率领起义队伍继续斗争。别看妙真是个姑娘，她能骑善射，特别是梨花枪天下无敌，在红袄军中被尊称为"姑姑"。妙真姑娘的起义军与李全的军队在磨旗山会合成一处，两个人还结成了夫妻。随后他们投归宋朝，部队驻扎在楚州一带，继续抗金。后来他们被蒙古军包围，兵败投降。宋朝派太尉夏全率兵攻打楚州，李全的处境很糟糕。杨妙真知道，夏全原本也是山东义军的将领，说不定能够动之以同乡之情，于是派人去游说夏全："我们都是从山东归附的，可是您现在却带兵攻打我们。狐狸和兔子是同类，兔子死了，狐狸也会难受。你想想这个道理，如果李全被消灭了，你还能够无忧无虑地存在吗？希望我们之间不要互相残杀。"夏全仔细想了想，最终被说服了。

盲人摸象

比喻对待事情只靠片面了解或局部的经验，就做出了全局性的判断。

【出处】

最早出自《大般涅槃经》，后演变为释道原《景德传灯录》中的"众盲①摸象，各说②异端③"。

①众盲：一群盲人。

②各说：各自陈说。

③异端：不同的见解，不同的方面。

【小档案】

象，哺乳纲，长鼻目，象科，是现存陆地上最大的哺乳动物。营群居生活。草食性动物，以植物的嫩枝叶为主，喜欢吃野芭蕉、竹叶、竹笋及瓜果蔬菜等农作物，成年象食量很大，每天约吃 150 千克食物。早晨或晚上出来活动和觅食，喜欢洗澡。耳朵很大，可以用来扇凉调节体温。亚洲象是国家一级保护动物。

【成语飞花】

狮象搏兔，皆用全力：比喻对小事情也要拿出全部的力量认真对付。出自黄宗羲《〈称心寺志〉序》。

拔犀擢象：比喻提拔特别突出的人才。出自王洋《与丞相论郑武子状》。

蛮笺象管：泛指名贵的纸笔。出自刘兼《春宴河亭》。

大象是现存陆地上最大的哺乳动物，庞大的身躯，长长的鼻子，大大的耳朵。单说一头成年象的鼻子就重 100 多千克，由此可以想见象的体重是多么惊人！或许你会记得《曹冲称象》的故事，曹冲是曹操的儿子，聪明异常。一年，一个地方进献给曹操一头大象，体形庞大。曹操想知道这头象究竟有多重，就向周围的人询问办法。结果大家面对如此庞大的东西一筹莫展，这时曹冲说，首先把大象赶到船上，然后沿着船舷的水印画一条线，再把大象赶下来，装上同样重量的石头，分次称出石头的重量，就知道大象的重量了。这个故事也可反映出大象之大了。亚洲象是在亚洲陆地上生活的动物中最大的一种，雄象体重在 3500 千克左右；非洲象比亚洲象还大，雄象体重在 6000 千克左右。也难怪曹操没有马上想到称量的方法。

大象栖息环境多样，以家族为单位，过着群体生活，首领由母象担任。河南简称"豫"，"豫"的样子像是一个人手里牵着一头大象。据说在很久以前，河南这个地方也是属于炎热的地区，森林茂密，适宜大象的生存和生活，只是随着气候的改变才成了现在的样子。中国的大象即亚洲象现在主要分布在云南南部，数量不多，大约 300 头。所以亚洲象在中国已经被列为国家一级保护动物。

大象有自己的活动规律，总是在早晨或晚上出来寻找食物，其他时间多喜欢待在水里洗澡。大象的耳朵很大，我们习惯用蒲扇来形容，蒲扇是人们用来扇凉调节体温的，大象的耳朵也主要用来调节体温。天热的时候，象会不断地扇动耳朵，温度越高扇得越快，使比较凉的空气接触耳朵的表面，把流经耳朵的血液里的热量带走，使血液冷却，这样可以防止体温升得太高。等到早晚体温比较低的时候，大象会把耳朵紧紧地贴在肩膀上，这样又可以减少身体热量的散失。

自然界中大象数量的减少除了自然环境的改变不适合大象的生存以

外，还有一个原因就是偷猎者的疯狂捕杀。人们常说："人为财死，鸟为食亡。"象牙是非常好的工艺品材料，历来被视为珍宝和财富的象征，在国际市场上可以卖很高的价钱，所以贪婪的偷猎者就把罪恶的黑手伸向了它们。这大约就是成语中所说的"象齿焚身"吧，随着词义的扩大，后来人们就习惯用它比喻财多招祸了。中国捕杀大象获取象牙至少在殷商时期就已经开始了。以生活骄奢出名的殷纣王曾经用象牙制作筷子，而且他的这一举动让他的叔叔箕子很害怕，因为象牙筷子是不能用普通的器皿搭配的，必须用犀牛角制作的玉杯搭配，而有了这些精美的东西之后，必然要吃精美的食物，这些正是亡国的征兆。于是后人用"象箸玉杯"形容极度奢侈的生活。这些被视为珍宝的象牙是属于大象的门牙，这些牙齿随着大象身体的长大而越长越长，成年后在 2～3 米，重量在三四十千克，坚硬锐利，是大象用来防御和攻击的武器。据说大象是有灵性的，所以一些国家把它们视为圣物，如果遇到大象挡路，人们必须绕道而行。它们感觉自己生命将要结束的时候，就会悄悄地离开象群，到家族的墓地去用牙齿为自己挖掘坟墓。有的时候，这些大象会被偷猎者跟踪，结果暴露了象冢的位置。

大象在人们心目中是神圣的，所以在成语中也多以褒义形象出现，比如"象牙之塔"比喻脱离现实生活的文艺家的小天地；"象耕鸟耘"形容民风古朴；"香象渡河"比喻诗文精深、透彻。人们的日常生活中有关象的语言更是丰富多彩，比如用"人心不足蛇吞象"这个形象的比喻来讽刺人若贪心，就会被自己的欲望所害；又用"狗嘴里吐不出象牙"比喻坏人嘴里说不出好话。

我们来说一个纣王的故事《象箸玉杯》。这个故事最早出现在《韩非子》中。看过《封神榜》的人都知道殷纣王，这个人生活很奢侈，吃饭要用象牙做的筷子。他的太师箕子很担忧，我们可以想一下，你用普通的筷子吃普通的饭菜没什么，你用象牙筷吃普通的饭菜就不配套了，肯定需要吃精美的饭菜，这也就意味着奢侈腐败的开始。于是箕子总是长吁短叹，忧心忡忡。有人宽慰箕子不用过分担心，箕子说："我怕因此走向灭亡啊。"果然像箕子担心的那样，没过多久，纣王的生活更加腐化了，酒池肉林，完全不顾及老百姓的死活。西伯侯姬昌趁机崛起，后来牧野一战，纣王走向了灭亡。

雁默先烹

不会叫的雁先被杀掉，比喻没有才能的人先被抛弃。

【出处】

出自庄周《庄子·山木》："竖子①请②曰：'其一能鸣，其一不能鸣，请奚③杀？'主人曰：'杀不能鸣者。'"

①竖子：童仆。

②请：请示，询问。

③奚：疑问代词，相当于哪个。

【小档案】

雁，鸟纲，雁形目，鸭科，雁亚科，候鸟。中国常见的有鸿雁、豆雁、白额雁等，多为淡灰褐色，因种类不同而表现出大小不一的体形。喜欢集群活动。颈长腿短，趾间有蹼。主要栖息在湖泊、沼泽、河口、草原及农耕地带。群飞时会列队成行，休息时头朝外围成一圈，并由哨雁巡逻。主要以嫩叶、细根、种子为食，有时也吃农田谷物，在地面上筑巢。多数为珍禽，受到国家保护。

【成语飞花】

指雁为羹：比喻空想或虚假不实。出自宋方壶《醉花阴》。

箭穿雁嘴：比喻不开口说话。出自施耐庵《水浒传》第十七回。

沉鱼落雁：形容女子容貌非常漂亮。出自庄周《庄子·齐物论》。

　　大雁是人们熟知的候鸟，它们随着季节的变化而迁徙。这种现象经常在古人的诗歌中得到体现，如唐朝诗人顾非熊《雁》诗中说："逐暖来南国，迎寒背朔云。"韦承庆《南中咏雁》诗中也说："万里人南去，三春雁北飞。"它们都写出了雁冬天南飞、春天北飞的特征。雁喜欢成群地生活在一起，由一只头雁带领着，在飞行的过程中不断变换着队形。所以，当我们在诗文中看到"孤雁"的时候，总会感到一阵凄凉，杜甫在他的《孤雁》诗中便以"孤雁不饮啄，飞鸣声念群"的警句恰切地反映了这种感觉。每到休息的时候，雁群总是头朝外有组织地围成一个圈，而且头雁会派出几只经验丰富的雁负责守卫安全。大雁的迁徙路程非常遥远，但它们总是能够按时到达目的地，所以它们不愧是飞行健将。在迁徙的过程中，困难重重，危险重重，这不仅需要它们充分发挥集体的智慧，而且需要具有高度的警觉性。

　　西汉武帝时期，苏武奉皇帝的命令出使匈奴。结果，匈奴人不仅扣留了汉朝的使团，而且逼迫苏武投降，苏武说什么也不答应。匈奴的最高首领单于非常佩服苏武的爱国热情，认为他是一个有气节的汉子，就改变了策略，用高官厚禄劝降，苏武仍然没有屈服。于是，单于下令将苏武囚禁在露天的地窖里，不提供任何吃的东西，企图通过消磨他的意志达到让他投降的目的。苏武饿了就吃毡子，渴了就吃积雪，还是没有屈服。单于见苏武意志坚强，就把他流放到了遥远的北海牧羊，这里环境恶劣，荒无人烟。单于告诉苏武，等到这些羊生了小羊的时候，他就可以回来了。但这群羊全是公羊，是不可能生小羊的。苏武在荒凉的北海和羊群为伴，克服了重重困难，含辛茹苦地度过了19个年头。汉昭帝即位以后，采用了和亲政策，要求匈奴释放苏武。单于欺骗汉使说苏武早就死了。后来，和苏武一块儿出使匈奴的一个人买通了匈奴人，把实情告诉了汉朝的使者。汉使告诉单于说："我们皇帝在打猎的时候射下一只大雁，在这只大雁的腿上拴着一封信，上面写着苏武在北海牧羊，你怎么说他早就死了呢？"单于大惊失色，无论如何也不敢相信这神奇的"雁足传书"，但汉使说的苏武没死确是实情。单于觉得可能是苏武的忠义精神感动了神仙，是神仙派大雁帮助了苏武。于是，单于赶紧把苏武放回了汉朝。

自从在北海牧羊的苏武通过"雁足传书"获救之后，大雁就和书信产生了密不可分的联系，甚至成为人们心目中理想的信使，而且创造出了许多生动的成语，如"衡阳雁断"比喻音信隔绝；"寄雁传书"指传递书信；"河鱼天雁"借指传递书信的人；"雁去鱼来"指书信往来；"雁杳鱼沉"比喻彼此音信断绝。和鸿雁有关的成语很多，除了上面的以外，另外如"雁南燕北"比喻两地分离；"雁过拔毛"比喻经手办事便捞点儿好处；"雁过留声"比喻人离开或死后，应该留下好名声；"雁影分飞"比喻分离；"凫居雁聚"指群聚在一处；"鸣雁直木"比喻有才能的人；"鹰心雁爪"比喻心灵手快；"鹰拿雁捉"形容缉捕时快速凶猛；"鱼贯雁行"比喻连续而进，像鱼群相接、雁阵行进；"来鸿去燕"比喻行踪漂泊不定的人；"哀鸿遍野"比喻到处都是流离失所的灾民；"轻于鸿毛"比喻非常轻微或毫无价值；"雪泥鸿爪"比喻事情过后留下的痕迹；"鸿毛泰山"比喻人死的价值轻重悬殊；"鸿衣羽裳"指神仙的衣着；"鸿飞冥冥"比喻隐者远走高飞，全身避祸；"鸿飞霜降"指时序的变化和年岁的更换；"鸿俦鹤侣"比喻高洁、杰出的人才；"鸿鹄之志"比喻远大的志向。

《雁默先烹》的故事值得了解一下。有一回，庄子带领学生走在山里，见路边有一棵大树，伐木工人看看就离开了。庄子问："这么大一棵树，为什么不砍？"伐木工人说："这棵树的料没什么用。"庄子很感叹地说："原来是因为没用才得以存活呀。"庄子一行人出了山，来到一个老朋友家里，朋友非常热情，叫家仆杀雁做饭招待。家仆问："两只雁，一只会叫，一只不会叫，杀哪一个呢？"朋友说："杀那只不会叫的吧。"毕竟会叫的还能看家、惊走小偷。弟子们问庄子："先生，路边的大树因为没用而能够长寿，可是这只雁又因为不会叫而被杀掉，我们到底应该怎么样处世呢？"庄子说："那就介于有用与没用之间吧。"看着很有哲理，其实这是一种很消极的处世方法。

乱点鸳鸯

不顾具体情况乱撮合、乱搭配。

【出处】

出自明冯梦龙《醒世恒言》中的《乔太守①乱点②鸳鸯谱》。

① 乔太守：《醒世恒言》卷八中的人物，杭州太守。

② 点：撮合，搭配。

【小档案】

鸳鸯，鸟纲，雁形目，鸭科。体形比家鸭稍小，体长43厘米左右，体重500克左右。雄鸟全身羽毛带有光泽，额头金属绿色，嘴巴橙红色，脚橙黄色，眼睛周围白色，眼后上方有一黄白色长带。雌鸟嘴巴黑褐色，脚橙黄色，眼睛周围白色延至后方。常出现在中低海拔山区的开阔、清澈、平缓且周围有树林的溪流、湖泊地带，通常成双、成小群出现。大多在晨昏或夜间活动，在树洞中筑巢。国家二级保护动物。

【成语飞花】

棒打鸳鸯：比喻用强硬的手段拆散恩爱的夫妻、情侣等。出自孟称舜《鹦鹉墓贞文记》。

打鸭惊鸳鸯：比喻打此而惊彼，也比喻株连无罪的人。出自梅尧臣《打鸭》。

鸳俦凤侣：形容男女欢爱像鸳鸯、凤凰一样。出自王玉峰《焚香记》。

　　鸳鸯是体形比家鸭稍微小一点儿的水鸟，雄性的叫鸳，雌性的叫鸯，在古代合称"匹鸟"。雄鸳鸯稍微大一点儿，羽毛五颜六色，就像一身华丽的服装，最突出的特征是它的背部最内侧有两根像彩色船帆的帆羽，人们也把它们叫作"相思羽"。相比之下，雌鸳鸯显得非常朴素，背部褐色，腹部白色，外貌和普通的鸭子没有太大区别。

　　全世界的鸳鸯有两种，一种是分布在北美洲的林鸳鸯，一种是分布在亚洲东部的水鸳鸯。我国是水鸳鸯的主要产地，它们主要栖息在内蒙古、黑龙江、吉林等地，一般到了过冬的时候会飞到南方。据考察，吉林省长白山北麓的头道白河是著名的鸳鸯繁殖地，被人称为"鸳鸯河"；福建省屏南县双溪乡的白岩溪是著名的鸳鸯过冬地，被人称为"鸳鸯溪"。另外，江西省婺源县赋春镇的鸳鸯湖也是著名的旅游景点，数千只鸳鸯或在平静的水面上游动，或在追逐戏水，或在天空比翼齐飞，它们用自己的美丽点缀了这里的水光山色。

　　我们看到的鸳鸯几乎都是在水中游玩，事实上鸳鸯的飞翔能力还是比较强的，要不它们怎么能够从东北飞到遥远的南方过冬呢？它们通常生活在内陆的湖泊和河流中，特别是到了繁殖的季节，经常能够见到它们形影不离、相依相伴的身影。所以，鸳鸯在人们的心目中成了爱情的象征，甚至被称为"爱情模特儿"，引起了无数青年男女的向往，"初唐四杰"之一的卢照邻在《长安古意》中曾经发出了"得成比目何辞死，愿作鸳鸯不羡仙"的感叹。其实，我们的祖先早就发现了鸳鸯成双成对、恩恩爱爱的生活习性，比如中国最早的诗歌总集《诗经》中就有"鸳鸯于飞，毕之罗之"的句子。

　　据记载，明代成化六年即公元1470年，一个渔夫在盐城捕获了一只雄鸳鸯，就把它煺了毛放在锅里煮，剩下的雌鸳鸯跟着船不停地鸣叫，不肯离去。当渔夫打开锅盖想看看肉煮熟没有的时候，那只雌鸳鸯一头扎进了滚水中。像这样充满传奇色彩的故事不在少数，如《茅亭客话》中也有类似的记载。我们总是对美好的事物充满了热爱，所以我们几乎不愿意看到这种象征恩爱的鸟儿的真实生活状态。事实上，那种恩爱有加的场面只是出现在繁殖期间，其他时间它们都是各自行动的；即使在配偶期，如果一方死亡，另一方马上就会另寻新欢。

传说，鸳鸯是韩凭夫妇的精魂。韩凭是战国末年宋国君主宋康王的门客，他的妻子何氏非常美丽。宋康王为了得到何氏，不仅罗列罪名把韩凭关押起来，而且让他做苦力。后来，韩凭自杀身亡。宋康王从而得到了美丽的何氏，但何氏仍然想念着自己的丈夫，所以她悄悄地准备为死去的丈夫殉情。一天，宋康王带着何氏登上高台，她就不顾一切地跳了下去。宋康王发现在何氏的衣带上写着这样的遗言："盼望国君把我们的尸骨合葬在一起。"康王大怒，让韩凭的乡里草草把他们掩埋了，而且两个坟墓之间还隔着一段路。神奇的是，没过多久，在两个坟墓的边上各长出了一棵梓树，不久便长成了大树。更神奇的是，这两棵高大的梓木弯着躯干，树枝在空中交接在一起，树根也在地下连在一块儿。宋国人称它们为相思树。在这两棵树上，有一对鸳鸯鸟，一雄一雌，经常在树上栖息，形影不离，发出凄切的鸣叫声。人们说，这对鸳鸯鸟是韩凭夫妇的精魂。

关于鸳鸯的典故和传说有很多，它们在文学作品中也备受青睐，但在成语中，鸳鸯出现的次数却很少，除了前面列举的几个，大约只有比喻百官上朝时的行列的"鹭序鸳行"了。

趋之若鹜

像鸭子一样成群地跑过去，比喻很多人争着去追逐某种事物，一般为贬义。

【出处】

出自张廷玉《明史》："如薰①亦能诗②，士③趋之若鹜，宾座常满。"

① 如薰：萧如薰，字季馨，明朝延安卫（今陕西延安）人，曾镇守宁夏等地，后被魏忠贤夺权，于崇祯初年去世。

② 能诗：擅长作诗。

③ 士：士人，古代对文人的尊称。

【小档案】

鸭，鸟纲，雁形目，鸭科。有家鸭和野鸭之分。家鸭嘴形扁阔，尖端具角质嘴甲，嘴的内缘有角质栉状板，足短，趾间有蹼，善游水，性温和。颜色多为白色、褐色及黑白相间。肉用、蛋用或肉蛋两用，营养丰富，味道鲜美。野鸭体形通常较家鸭小，有的种类肉供食用，羽可制绒。

【成语飞花】

打鸭惊鸳鸯：比喻打此而惊彼，也比喻株连无罪的人。出自梅尧臣《打鸭》。

兔起凫举：比喻行动快速。出自吕不韦《吕氏春秋·论威》。

强凫变鹤：硬把野鸭变成仙鹤，比喻滥竽充数，徒多无益。出自庄周《庄子·骈拇》。

鸭有家鸭和野鸭之分，《尸子》文说："野鸭为凫，家鸭为鹜。"我们这里先说家鸭。据考证，家鸭的祖先是野生绿头鸭和斑嘴鸭。中国养鸭已经有2000多年的历史了，据说，鸭子是根据它们的鸣叫声命名的。鸭子是我国常见的家禽之一，古人在养鸭方面比较讲究，明代李时珍的《本草纲目》中对鸭种、鉴别、孵化、培育等都有详细的论述，当然还涉及医用价值。斗鸭还是古时候比较流行的一种娱乐项目，如唐朝李邕有《斗鸭赋》，场面壮观，以至于"旁观如堵"。

今天，鸭子已经成为人们百吃不厌的美食，特别是北京烤鸭更是让人垂涎三尺。北京鸭的羽毛为白色，但因为返祖现象而掺杂有几根黑色的羽毛或黑白相间的羽毛。北京鸭个头比较大，成鸭一般在3千克左右。我们食用的正宗北京烤鸭通常是用两个月左右的幼鸭做成的，这种幼鸭一般在2千克以下，肉质鲜嫩可口。

在古代，鸭子虽然没有鸡受人们重视，但也经常出现在诗文作品中，上面所举李邕《斗鸭赋》便是一例，又如北宋大文学家苏轼曾经写过"竹外桃花三两枝，春江水暖鸭先知"的诗句。晚唐时期的陆龟蒙非常喜欢鸭子，相传他曾经养着一些鸭子，而且都很驯顺。一天，一个官员路过，用弹弓打死了其中最好的一只。陆龟蒙说："这只鸭子会像人一样说话，本来是打算进献给皇上的，你怎么把它打死了？"在古代，凡是和皇帝沾上边的东西都是极宝贵的，弄不好是会获罪的。这个官员吓坏了，赶紧从口袋里把钱全拿了出来，想堵住陆龟蒙的嘴，并问道："这只鸭子会说什么话？"陆龟蒙说："会叫它自己的名字。"原来，陆龟蒙开了个让打死他鸭子的官员惊慌失措的玩笑。

有一个关于鸭子的笑话：从前，有一个人去打猎，想买一只猎鹰，但又不认识，看到有人在卖鸭子（此处专指家鸭），就把鸭子当成鹰买了一只。到了野外，看到一只兔子突然从草丛中蹿了出来，他就把鸭子向上一扔，让鸭子去捕捉野兔。但鸭子是不会飞的，结果重重地掉在了地上。这个人不知道什么原因，再一次把鸭子一扔，鸭子又一次摔到了地上。猎人很气愤，决定把这只不会捕捉野兔的"鹰"丢掉。这时，被摔得头昏眼花的鸭子歪歪斜斜地来到主人跟前，为自己辩解说："我只是一只鸭子呀，并不是老鹰，为什么一定要求我有捕捉野兔的本领呢？杀掉我，吃我的肉，这才是我的本分。"说着，鸭子抬起脚掌让猎人看："你看我的脚掌，哪有像老鹰的锋利爪子，怎么能够逮到兔子呢？"这个笑话告诉我们，天下的事物各有所长，也各有所短，应该顺应自然规律，否则是不可能取得预期效果的。

鸭子行动比较缓慢笨拙，所以我们用"赶鸭子上架"比喻勉强别人做力所难及的事情；用"鸭步鹅行"形容人走路缓慢摇晃的样子。古人把鸭子叫作鹜，如"趋之若鹜"中的"鹜"就是指的鸭子。另外有"鹜"的成语如"刻鹄类鹜"比喻仿效失真，适得其反；"云趋鹜赴"比喻从四面八方奔赴而至。其中，"刻鹄类鹜"的故事最初是汉朝马援用来勉励后辈的。

"趋之若鹜"是人们常用的一个成语，只是到了后来才充满了贬义的成分，如《异辞录》卷二中说："文人无行者，必将趋之若鹜。"这个词从清代开始，非常频繁地出现在文学作品中，比如曾朴《孽海花》第二十七回有："白云观就是他纳贿的机关，高道士就是他作恶的心腹，京外的官员哪个不趋之若鹜呢？"《清代野记》中有："又于安庆居宅设博局囊家，赌甚豪，胜负常巨万，贵游子弟趋之若鹜。"《阅微草堂笔记·卷十·如是我闻四》中有："天下趋之若鹜，而世外之狐鬼，乃窃窃不满也。"

接下来，我们说野鸭。凫是一种善于飞翔的水鸟，就是我们所说的野鸭。《方言》中说，在江东有善于飞翔的小凫鸟，喜欢成群地聚集在水中，通常叫作"冠凫"，这种凫鸟应该是生活在水泽里的泽凫。明朝李时珍在《本草纲目》中说，"凫"字就是羽毛短、飞得高的样子。这种水鸟多数属于候鸟，少数是留鸟，一般夏季时在北方繁殖，到了秋冬季节飞向南方。我国的野鸭常见的有绿头鸭、斑嘴鸭、赤麻鸭、针尾鸭等。中华秋沙鸭是我国的特产，它们的个头比绿头鸭稍微小一点儿，有红色的喙和腿脚，头部和上背是黑色的，下背和腰、尾上的羽毛是白色的，头顶上还有长长的像帽子一样的冠羽。这种野鸭濒临灭绝，已经被列为国家一级保护动物。

当我们比喻对自己的短处感到惭愧，而羡慕别人的长处时，就创造出了"惭凫企鹤"。但是，无论是仙鹤还是野鸭，它们都是大自然的组成部分，它们的存在都是符合规律的，野鸭腿短并不意味着它们有什么不足，仙鹤腿长也不说明它们比野鸭优越。伟大的哲学家庄子曾经说过，如果嫌野鸭的腿短而非要为它们接上一段，那么它们一定会感到痛苦；相反，如果觉得仙鹤的腿太长而要截去一段，同样会使它们感到悲哀，这些是不可更改的自然规律。所以我们用"凫胫鹤膝"形容事物各有短长，不可随意增减；用"凫鹤从方"比喻顺应事物的自然规律行事。

南朝齐张融《门论》中记载了这样一个故事：曾经有一只大雁从天空飞过，因为飞得太高，分辨不清它的样子，于是越地的人认为那应该是一只野鸭，而楚地的人却认为应该是一只乙（乙是当地人对燕子的称呼），结果争论不休。后人就用"越凫楚乙"比喻对事物认识不清，判断错误而又各执一词。和凫有关系的成语又如"凫趋雀跃"比喻欢欣鼓舞；"凫居雁聚"指群集在一处。

鹅行鸭步

鹅和鸭子走八字步，形容人走路缓慢摇晃的样子。

【出处】

出自元末明初杨暹《西游记》第四本第十三出："见一人光纱帽，黑布衫，鹰头雀脑[①]将身探，狼心狗行[②]潜踪阚，鹅行鸭步怀愚滥。"

① 鹰头雀脑：形容容貌丑陋而神情狡猾。

② 狼心狗行：比喻凶残无耻。

【小档案】

鹅，鸟纲，雁形目，鸭科。大致可以分为蛋用、肉用、蛋肉兼用及观赏用等四类。毛色主要分为灰、白两大类，其中中国的北方以白鹅为主，南方以灰鹅为主。行动缓慢，鸣声洪亮，腿脚粗短，趾间有蹼，善游水，喜群居，性机警。食物以植物嫩叶、种子等为主。

【成语飞花】

摇鹅毛扇：比喻出谋划策。出自丁玲《太阳照在桑干河上》。

鸡争鹅斗：比喻吵吵闹闹，彼此不和。出自曹雪芹《红楼梦》第二十一回。

鹅是最早被人类驯化的家禽之一，它的远祖是大雁，所以又被称为家雁。鹅的形象早已被"初唐四杰"之一的骆宾王进行了描述：弯曲的脖子，白色的羽毛，红红的脚掌。鹅生性警觉，每更天都要鸣叫，可以起到防止盗贼的作用。古人认为鹅的性格比较顽劣，所以除了求雨的时候偶尔会用它们之外，其他的祭祀一般很少用。但也正是它们的这个特性及其喜欢争斗，古代宫廷中才兴起了斗鹅的风气，甚至使鹅的价钱一路猛涨。中国广东澄海产的狮头鹅远近闻名，最重可以达到15千克，所产鹅蛋的重量也是鸡蛋的几倍。鹅的寿命在一般鸟类中是比较长的，通常可以活十多年甚至几十年，所以有的地方把它们叫作长生鹅。一些家长让幼儿骑在鹅背上拍照，从某种程度上来说也反映了父母对子女幸福长生的美好祝愿。

如果把水和乳汁放在同一个器皿里，鹅王会只喝乳汁，然后把水留下，于是人们就用"鹅王择乳"比喻择取上乘精华。三国时期英雄辈出，诸葛亮是家喻户晓的智慧代表，他在出山之前就向刘备阐述了三分天下的设想，后来鞠躬尽瘁，帮助刘备建立了不朽的功勋。我们在影视剧中发现，无论是在春夏秋冬的什么场合，诸葛亮手中都拿着一把鹅毛扇，显得儒雅风流，老成持重。他在羽扇轻摇、谈笑风生中"舌战群儒"，在赤壁之战实现了他天下三分的宏伟设想。所以，后人就用"摇鹅毛扇"比喻出谋划策。

据说，在这把神秘的鹅毛扇背后还有一个动人的故事：诸葛亮的妻子叫黄月英，相貌丑陋，但文韬武略样样精通，能力在诸葛亮之上。但是，妇女在封建社会是没有地位的，是不可以像男人那样在社会上建功立业的。所以，黄月英就做了一把鹅毛扇，把自己所掌握的韬略等全部写到了扇子上，并把扇子送给了丈夫。从此，诸葛亮在处理问题、遇到困难的时候，就借摇动扇子为由在扇子上寻找对策。

古代喜欢养鹅的大有人在，而且从鹅的身上学到了许多实用的东西，比如著名的"鹅阵"就是根据它们整齐的队列变化出来的。晋朝以后，每家都养有那种黄嘴巴、红脚掌的鹅，多数是用来吃的。但也有例外，比如东晋大书法家王羲之对鹅情有独钟：为了养鹅，王羲之在自己的门前挖了一个水池，命名为"鹅池"，他每天都要到那里去欣赏鹅在水池里自在游动的优美身姿。

一天，王羲之去拜访一位朋友，在半路的小河中发现了几只鹅，久久不忍离去，不由自主地跟着水中游动的鹅向前走。后来，鹅进了一座寺观，他就去敲门。寺观的主人一看是大书法家王羲之来了，非常高兴，赶紧让进屋里。王羲之开门见山地说："您的鹅太可爱了，卖给我好吗？"道士回答说："只要您喜欢，全送给您也没有问题。但是我有一个请求，不知道您能不能为我抄写一篇《道德经》？"王羲之满口答应，按照老道的要求洋洋洒洒抄了一篇，然后赶着老道送给他的鹅就去朋友家了。朋友一看王羲之赶着一群鹅，非常奇怪，就问："你怎么像孩子一样放起鹅来了？"王羲之满脸笑容，他说："我赶的这些并不只是鹅，它们是我的老师啊！你看它们的脖子，不仅灵活自如，而且伸屈有力，体态还那么优美。我从它们的身上学到了许多运笔的方法！"

王羲之对鹅的喜爱还可以在另一个故事里表现出来：会稽有个老太太养了一只鹅，这只鹅鸣叫的声音高亢洪亮，王羲之非常渴望得到这只鹅，就让人前去求购，但老太太说什么也不卖。后来，王羲之就去观赏。出乎意料的是，当老太太听说王羲之要来她家时，就把这只鹅给杀了，做了一顿香喷喷的饭菜来款待王羲之。王羲之为此叹惜了好几天。

飞鹰走狗

放出苍鹰、猎狗去捕捉野兽，后来泛指打猎。

【出处】

出自陈寿《三国志·魏书一》："太祖①少好飞鹰走狗，游荡无度②，其叔父数言③于嵩④。"

① 太祖：曹操，字孟德，三国时期著名的人物，曾挟天子以令诸侯，他的儿子曹丕建立曹魏政权后追封他为魏武帝。

② 游荡无度：没有节制地游玩。

③ 数言：多次告诉。

④ 嵩：曹嵩，曹操的父亲。

【小档案】

鹰，鸟纲，鹰形目，鹰科。视觉敏锐，常栖息于山林或平原地带，领域性强，性凶猛，肉食性。嘴弯曲而锐利，爪子钩状，翅膀强劲，飞行迅速，但嗅觉不太灵敏。常翱翔或盘旋于高空，筑巢于树上，雌鸟体形稍大于雄鸟。国家保护动物。

【成语飞花】

犬牙鹰爪：比喻善于攫取的手段。出自陆游《艾如张》。

放鹰逐犬：指打猎。出自张廷玉等《明史·韩文传》。

虎视鹰扬：指雄视高翔，非常有威仪。出自施闰章《重刻〈何大复诗集〉序》。

鹰是鸟类中出名的猛禽，是空中的霸主，不仅飞行快捷，攻击更是迅猛有力。我国现有苍鹰、褐耳鹰、赤腹鹰、凤头鹰、雀鹰、松雀鹰等多种。它们的视力极为敏锐，在秋高气爽的季节里，在开阔的原野上，鹰能够从几百米甚至上千米的高空准确、迅速地发现地面上的目标，所以古人在诗歌中说"草枯鹰眼疾"。当发现猎物的时候，它们就会用最快的速度准确地从高空扑向目标。当弱小的动物见到凌空而降的恶狠狠的鹰时，往往会惊慌失措，心惊胆战，结果难以逃脱丧生利爪的悲惨命运。鹰虽然凶猛，但它们没有牙齿，而是靠犀利的嘴巴和尖锐的爪子把猎物撕碎或者干脆整个吞下。鹰的视力虽然敏锐，但它们的嗅觉却非常差，所以不管它们捕捉到的猎物味道如何，总是美美地吃完。段成式《酉阳杂俎》中认为鹰类中雄鹰体形小，雌鹰体形大，但它们颜色非常接近。

鹰素有"空中狮虎"的美名。据《幽明录》记载：楚文王年轻时喜欢打猎，有人献给他一只雄鹰。一天，人们看见天空中有一个雪白色的东西，好像在滑翔一样。这只鹰看见了，就扑打着翅膀迅速飞了上去。不一会儿，人们发现雪一样的羽毛从天空中掉了下来，血像雨一样落了下来，一只大鸟"啪"的一声摔到了地上。大家一看，这只血淋淋的被鹰撕咬致死的大鸟，两个翅膀张开竟然有几十里大，多数人都不知道这是只什么鸟。这时，一位知识渊博的人说："这是一只小的大鹏鸟啊！"我们知道，大鹏鸟是我国神话传说中最大的鸟，庄子说"鹏之背，不知其几千里也"。体形大的鹰也不过半米左右吧，它竟然敢和比它大不知多少倍的鹏相斗，而且能够取得胜利，可见是多么的凶猛。当然，这只是小说，不能信以为真，但鹰的凶猛却是人所共知的。

人们总是从心理上同情弱者，所以对鹰的残忍行为不时地抱以批判的态度，这在成语中也有所反映，如"雕心鹰爪"比喻心肠残忍，手段毒辣;"鹰视狼顾"形容目光锐利,贪婪凶狠;"鹰扬虎噬"形容耀武扬威,穷凶极恶;"鹰挚狼食"比喻凶狠地攫取和吞没;"鹰击毛挚"比喻严酷凶悍;"鹰瞵虎视"形容心怀不善,伺机攫取。打猎的时候,猎人总是在看到猎物的时候放鹰去追赶,目的性非常明确,所以人们就用"不见兔子不撒鹰"来形容现实中对于利益的追逐。成语"见兔放鹰"也是指看到眼前利益就竞相追逐的意思。鹰的威猛及其目光的敏锐、攻击的迅速在鸟类中是少有的,所以人们并没有把它们完全推到反面的角色中去,如"鹰心雁爪"比喻心灵手快;"鹰拿雁捉"形容缉捕时快速凶猛;"鹰撮霆击"形容气势威猛;"鹰击长空"比喻有雄心壮志的人在广阔的领域中施展自己的才能;"鹰瞵鹗视"形容用凶狠的目光窥望;"鹰觑鹘望"比喻用敏锐而急迫的目光窥望。

"养鹰扬去"这个成语出自《后汉书·吕布传》,这是曹操对吕布的评价。吕布虽然勇猛过人,但是野心勃勃,反复无常,遭到群雄的忌恨。后来,他夺取了刘备的徐州,自封为徐州牧,派陈登向已经掌握朝政大权的曹操请封。结果曹操告诉陈登说:"吕布就像一只鹰,饿着肚子还能够听从使唤,一旦吃饱了就会远走高飞。"今天这个成语用来比喻怀有野心的人不易控制,当他得意的时候就会不再为主人所用。"南鹞北鹰"出自《晋书·崔洪传》,是对崔洪耿直严峻、为官清廉、不徇私情的赞誉。崔洪任御史期间,刚正不阿,敢于和位高权重的权贵做斗争,深得皇帝的信任。后来升任吏部尚书,管理官吏,但是他门前从来没有说情、送礼的人。人们就为他编了段歌谣:"丛生棘刺,来自博陵,在南为鹞,在北为鹰。"

闻鸡起舞

听到鸡叫就起床练剑，比喻有志之士抓紧时间锻炼，奋发有为。

【出处】

出自房玄龄等《晋书·祖逖传》："与司空[①]刘琨[②]俱为司州[③]主簿[④]，情好绸缪[⑤]，共被同寝。中夜[⑥]闻荒鸡[⑦]鸣，蹴[⑧]琨觉，曰：'此非恶声也。'因[⑨]起舞。"

① 司空：官名，相传商代已创立，《周礼》列为六卿之一，掌管土木工程等事。东汉改大司空为司空，以后各朝沿用，元代时废止。

② 刘琨：西晋魏昌（今河北定州南）人，字越石。

③ 司州：西晋州名。

④ 主簿：官名，掌管文书。

⑤ 绸缪：犹缠绵，指情谊深厚。

⑥ 中夜：午夜，半夜。

⑦ 荒鸡：不按一定时间在半夜啼叫的鸡。

⑧ 蹴：用脚踢。

⑨ 因：于是。

【小档案】

鸡，鸟纲，鸡形目，雉科。分布广泛，除极地外几乎分布在世界的各个角落，可以分为蛋用、肉用、蛋肉兼用、观赏用等四类。雄性羽毛色彩斑斓，鸣声洪亮，体形一般大于雌性。翅膀短小，嘴巴短小锐利，听觉灵敏，尾巴长短不一，有的种类有冠或肉垂。多以植物的嫩芽、叶子、果实、种子为食。

【成语飞花】

一人得道，鸡犬升天：比喻一人得势，和他有关的人也都跟着发迹。出自王充《论衡·道虚》。

偷鸡摸狗：指盗窃。出自施耐庵《水浒传》第四十六回。

杀鸡焉用牛刀：比喻做小事情不值得用大力气。出自《论语·阳货》。

鸡是我们最常见的家禽，可以说我们的生活中处处离不开鸡。中国驯养鸡的历史非常悠久，《诗经》中已经有了"女曰鸡鸣"和"鸡鸣不已"等句子。鸡的品种非常多，比如有著名的肉用"九斤黄鸡"，有擅长抱窝孵化的"元宝鸡"，有专门下蛋的"来航鸡"，有供观赏的"丝毛鸡"，有具有药用价值的"丝羽乌骨鸡"，有既可以肉用又可以下蛋的"狼山鸡""寿光鸡""北京油鸡"等。我们知道，鸡是没有牙齿的，所以它们不能咀嚼食物。因此，它们在吃食物时，就把食物直接丢进食道，然后储存在一个叫鸡肫的肉袋里。鸡肫是它们消化器官的一部分，里面是一些沙子和碎石，这些沙子和碎石对食物进行研磨，从而起到了消化作用。

鸡在人们的生活中占据着重要的位置，这在古代更加突出。它们不仅可以为人们报晓，而且为人们提供丰富的营养，另外斗鸡还是古代一种重要的娱乐活动。古人还赋予鸡五种品德：公鸡的鸡冠代表能文；腿上有距代表能武；遇到敌人，敢于搏斗，说明勇敢；看见食物就呼唤伙伴，说明仁义；每天早晨按时打鸣，说明守信。

鸡是我们生活中的朋友，还可以表现在成语中。当我们说某个人气量狭小，只考虑小事，不顾大局时叫"小肚鸡肠"；当我们形容一个人才能或仪表出众时叫"鹤立鸡群"；当我们比喻大材小用时叫"牛刀割鸡"；当我们形容力量极小时叫"缚鸡之力"；当我们比喻贪图眼前微小的好处而损害长远利益时叫"杀鸡取卵"；当我们形容军队纪律严明，秋毫无犯时叫"鸡犬不惊"；当我们形容极其荒凉冷僻时叫"鸡犬不闻"；当我们比喻无关紧要的小事或毫无价值的东西时叫"鸡毛蒜皮"；当我们形容衰老时叫"鸡皮鹤发"；当我们形容惊慌失措，乱成一团时叫"鸡飞狗跳"；当我们比喻两头落空，一无所得时叫"鸡飞蛋打"；当我们比喻外表英武而实际怯弱时叫"凤毛鸡胆"；当我们比喻才能出众的人沦落在平庸之辈当中时叫"鹤困鸡群"。

　　当然，和鸡有关系的成语并非只有这些，比如"鸡零狗碎"形容事物零零碎碎，不完整；"鸡肠狗肚"比喻度量狭窄，心肠狠毒；"土鸡瓦狗"形容徒有其表，实际上没有用处；"呆若木鸡"形容因恐惧或惊讶而发愣的样子；"杀鸡儆猴"比喻通过严惩一个达到警告其余的目的；"嫁鸡随鸡"比喻女子出嫁后，不管丈夫如何，都要跟随一辈子；"鸡鸣狗盗"比喻偷偷摸摸或具有微小的技能；"淮王鸡狗"比喻靠攀附别人而得势的人；"牝鸡司晨"指女性掌权，阴阳倒置，将导致家破国亡；"打鸡骂狗"比喻旁敲侧击地谩骂，以发泄对某人的不满；"杀鸡为黍"指殷勤款待宾客；"猬起鸡连"比喻彼此串联，蠢蠢而动；"缚鸡弄丸"比喻轻而易举；"认鸡作凤"指把凡庸的看作珍贵的；"雄鸡夜鸣"比喻将要有战事发生；"家鸡野雉"表示书法艺术风格不同；"鸡骨支床"形容因为父母死去，谨守孝道而哀痛过度的样子；"千里无鸡鸣"形容非正义战争给人民带来的深重灾难；"失晨之鸡"比喻失职或犯错误的人；"鸡口牛后"比喻宁愿在小范围内为首自主，不愿在大范围内任人支配；"鸡犬相闻"指居住的地方离得很近；"味如鸡肋"比喻没有多大意义但又舍不得放弃的东西……真是举不胜举。

　　《闻鸡起舞》的故事非常富有教育意义，它说的是东晋名将祖逖年轻时奋发向上的故事。祖逖年少时不喜欢读书，为人豪放，仗义疏财；后来发奋读书，通晓古今。他和刘琨任司州主簿时，每到半夜听到鸡叫，就叫醒刘琨起床练剑。经过不懈的努力，终于成为国家的栋梁，受到后人的敬仰。

我们一说"鸡鸣狗盗"往往都是贬义词，我觉得这个故事我们应该重新认识。孟尝君有门客三千，他就根据这些门客能耐的大小进行分类使用，大家都能有一碗饭吃。一次出使秦国，孟尝君被扣留了。经过多方打听，秦王的妃子能救他，但是需要孟尝君把齐国的狐白裘送给她，可是这个狐白裘已经送给秦王了。就在大家一筹莫展的时候，一个门客站出来说他会钻狗洞偷东西，就这样偷来了狐白裘。孟尝君在妃子的帮助下连夜逃跑，跑到函谷关傻眼了，时间是半夜，还没有到开关时间呢。按当时的规定，鸡叫才开关。好在有个门客的特长是学鸡叫，就这样站在高坡上学鸡叫，那些真鸡听到后也跟着叫了起来，就这样把守关的人给骗了起来打开了关门，孟尝君这才逃了出去。

再说一个《杀鸡取卵》的故事。一个老人养了一只老母鸡，这只鸡个高体壮，声音悠扬，更令人惊喜的是每天能下一个金蛋，老人就靠金蛋过上了好日子。可是这个老人有点儿不满足，想更多更快地得到金蛋，这样他就可以什么都不干了，因此每天守在鸡身边。但是，下蛋是有规律的，再怎么勤奋也就是每天下一个，满足不了老人的贪心。老人动了歪脑筋，他就琢磨，既然鸡能下金蛋，说明肚子里的金蛋不止一个，我为什么不能直接取出来呢？心动不如行动，他就找来一把刀，为了取出所有的金蛋，把鸡给杀了。让他傻眼的是，当他剖开鸡肚子的时候，里面一个金蛋也没有。老人十分后悔，但已经来不及了，鸡死不能复活，从此以后连一个金蛋也没有了。这个成语比喻只图眼前利益，不顾长远利益。

凤鸣朝阳

凤凰在早晨太阳初升的时候鸣叫，比喻贤才遇到了明君。

【出处】

出自《诗经·大雅①·卷阿》："凤凰鸣矣②，于③彼高冈；梧桐④生矣，于彼朝阳⑤。"

①大雅：诗经的组成部分，包含31篇作品，大部分是西周初年的作品，小部分是西周末年的作品，内容主要是对祖先和神的歌颂，也有对统治阶级生活的描写。

②矣：句末语气词，起增强语气的作用，没有实际意义。

③于：介词，在。

④梧桐：树名，传说凤凰只在梧桐树上栖息。

⑤朝阳：古人称山的东面为朝阳，因为早晨的时候被阳光照射。

【小档案】

凤凰是古代传说中的神鸟。据记载，该鸟"鸡头、燕颌、蛇颈、龟背、鱼尾"，身有五彩，自歌自舞。它身材高大，飞得高且远，只栖息在梧桐树上，只吃竹的果实，只饮醴泉的水。

【成语飞花】

乘鸾跨凤：比喻结成美好的姻缘。出自李渔《慎鸾交》。

化枭为凤：比喻能以德化民，变恶为善。出自范晔《后汉书·循吏传》。

吉光凤羽：比喻艺术珍品。出自王世贞《题三吴楷法十册》。

凤凰是古代传说中的百鸟之王，自古以来就是吉祥的象征，它的出现往往代表着国家太平，百姓安居乐业。其实，凤凰是合称，雄性的叫凤，雌性的叫凰，比如西汉司马相如在用音乐向卓文君表达爱情的时候弹奏的是《凤求凰》。凤凰的身上汇集了许多鸟类和其他动物的特征，它的脑袋像鸡，嘴巴像燕子，脖子像蛇，背部像乌龟，尾巴像鱼；而且它的羽毛颜色鲜艳，五色斑斓；声音清亮和谐，就像演奏美妙的音乐。既然是众鸟的首领，自然要有首领的气派，传说凤凰只住在高大的梧桐树上，吃竹子的果实，喝甘甜的泉水。

古时候，一些人认为凤凰的出现为人们带来了祥和、幸福的希望，所以中国有着浓郁的爱凤风尚。"凤凰来仪"是贤明君主执政的祥瑞；"凤凰于飞，和鸣锵锵"是夫妻生活和谐美满的象征。它还一度成为古代皇家的专用品，比如把皇后称为"凤"，把皇后乘的车叫作"凤辇"；当它回到民间以后，便迅速地占领了每一个角落，女子结婚的时候要戴凤冠，头上还要插凤钗，如果再演奏一曲《百鸟朝凤》就更能增加节日的气氛了。鲁班用巧妙的技术雕刻过神气的凤凰；李商隐写过"桐花万里丹山路，雏凤清于老凤声"的名句；欧阳修在《咏凤诗》里寄托了对凤至人间天下太平的向往；郭沫若在《凤凰涅槃》中诅咒旧中国的灭亡，预言新中国的诞生；胡乔木在《凤凰》诗中一方面说明凤凰是不存在的，另一方面又祝愿凤凰能够长久地飞翔在人们的心中。这些都是人们爱凤的表现。

这种爱凤的心理还表现在成语中，如"彩凤随鸦"比喻才貌出众的女子嫁给远不如自己的男人；"龙飞凤舞"形容气势奔放雄壮的样子；"娇鸾雏凤"比喻青春年少的情侣；"梧凤之鸣"比喻政教和谐、天下太平；"景星凤凰"比喻美好的事物或杰出的人才；"潜蛟困凤"比喻被埋没的贤才；"翔鸾舞凤"比喻书画用笔生动矫健；"翔鸾翥凤"比喻丰赡富丽的文辞；"起凤腾蛟"比喻人才活跃，景象壮观；"镜分鸾凤"比喻夫妻分离；"鹭鸡为凤"比喻以次充好，混淆优劣；"凤毛麟角"比喻珍贵而稀少的人才或事物；"凤狂龙躁"形容心情烦躁，精神失常；"凤吟鸾吹"比喻非常美妙的歌声；"凤协鸾和"形容夫妻和睦，感情融洽；"凤泊鸾飘"比喻有才能的人不得志，漂泊不定；"凤愁鸾怨"比喻夫妻之间因思念而产生的愁怨；"凤楼龙阙"形容华美的宫阙楼台。传说在舜的时代和周文王的时代，出现过凤鸟，那标志着将会有圣王诞生。孔子对这个传说是深信不疑的，他满腹经纶就是得不到重用，因此难免会有牢骚，说"凤鸟不至"，既是对太平盛世的向往，也是对圣王的呼唤。

谢灵运是南朝著名的山水诗人，他的孙子谢超宗也很有名气。谢超宗在担任新安王刘子鸾常侍的时候，王府里的文书都出自他的手笔。刘子鸾的母亲去世后，谢超宗写了一篇诔文，非常精彩，深得皇帝的赞赏。皇帝说："谢超宗真是有凤毛啊，这是又一个谢灵运。"当时右卫将军刘道隆就在旁边，他听皇帝夸谢超宗有凤毛，误以为他真有凤凰的羽毛，原来刘道隆没读过书，是一个大老粗。他跑到谢家央求着说："听说你家里有宝贝，能不能让我看看？"谢超宗不明白，说："我这贫寒之家，怎么能和您比呢，哪里有什么宝贝！"但是刘道隆说了，找吧，翻箱倒柜这一通折腾，到最后也没有找到一件像样的宝贝。刘道隆嘟嘟囔囔地说："皇帝明明说你有凤毛啊，怎么会找不到呢？"这件事后来传了出去，大家笑得前仰后合。

《刘子·知人》中有一个《公输刻凤》的故事。公输班雕刻一只彩凤，凤冠、凤爪还没有雕成，羽毛也没有完成，围观的人就开始你一言我一语地议论开了。看见身子的人说是野鸭，看见头的人说是伽蓝鸟，很多人都说雕得很难看，原来公输班的雕刻技艺也就那么回事儿。等到彩凤完工，高高的翠冠，鲜红的指爪，五彩缤纷的身子，鲜艳美丽的翅膀。更让人惊讶的是，这只彩凤能够振翅高飞，三天三夜都不落地。人们被公输班高超的技艺震惊了，纷纷称赞不已。这说明，我们在判断一件事的时候，千万不能盯着局部，而要有全局眼光。

　　传说，凤凰的美丽不是天生的，百鸟朝凤也不是与生俱来的。从前，一个大森林里居住着几乎所有的鸟类，它们每天吃喝玩乐，生活得无忧无虑。其中有一只小鸟叫凤凰，相貌朴实，并没有引起大家的注意。凤凰很勤奋，它没有羡慕其他鸟儿的生活方式，而是起早贪黑地采集果实，甚至把别的鸟儿丢掉的果实也捡回山洞，为此还遭到了喜鹊和乌鸦的嘲笑、挖苦。但是，凤凰并没有因为其他鸟的讥讽而改变自己的做法。一年，因为天旱，山上的草和树叶都变得枯焦，那些原来无忧无虑的鸟儿怎么也找不到食物，被饿得头昏眼花，有的甚至奄奄一息。大家沉浸在悲哀的呻吟声和痛苦声中！这时，从遥远的地方采集果实归来的凤凰回到了森林，看到眼前这种悲惨的情景，二话没说，赶快打开了自己储存食物的山洞，把自己多年积攒的食物分散给了忍饥挨饿的众鸟，这样大家才渡过了难关。死里逃生的百鸟认识到了凤凰辛苦劳作的价值，为了感谢凤凰的救命之恩，都从自己的身上选取一根最漂亮的羽毛，然后把这些羽毛集中起来，做成一件五光十色、非常漂亮的百鸟衣，献给了凤凰。从此，凤凰变成了世界上最美丽的鸟，大家又推选它做了鸟中之王。每到凤凰生日的那天，百鸟都向它祝贺，大家载歌载舞，各展所长，这就是传说中的"百鸟朝凤"。

老鹤乘轩

比喻乱颁职位，滥充官位。

【出处】

出自《左传·闵公二年》："卫懿公^①好^②鹤，鹤有乘轩^③者。"

① 卫懿公：春秋时卫国国君，荒淫无道，不理朝政，整日打猎游乐，尤其喜欢养鹤。

②好：喜欢。

③乘轩：乘坐轩车。轩指古代一种有帷幕、前顶较高的车。

【小档案】

鹤，鸟纲，鹤形目，鹤科，多属候鸟。羽色多以淡雅为主。腿长，颈长，嘴长，鸣声嘹亮高亢而略带悲凉，属大型涉禽，多数性情温顺，也有凶悍的，如体形较大的赤颈鹤；分布广泛，主要栖息于平原、开阔沼泽及芦苇湿地，杂食性鸟类。每年春季交配期间，雌雄对舞。

【成语飞花】

鹤立鸡群：像鹤站立在鸡群中一样，形容人的仪表或才能出众。出自刘义庆《世说新语·容止》。

不舞之鹤：比喻名不副实的人，也用来讥讽人无能。出自刘义庆《世说新语·排调》。

千岁鹤归：指对故乡的眷恋之情。出自陶渊明《搜神后记》。

　　鹤在人们的心目中不仅是皎洁的生灵，而且是地上的天仙。全世界现存 15 种鹤类，中国有 9 种，几乎占了全部种类的 2/3，它们分别是丹顶鹤、白鹤、赤颈鹤、蓑羽鹤、黑颈鹤、灰鹤、白头鹤、白枕鹤、沙丘鹤。其中，赤颈鹤是鹤类中最高大的一种，身高达 160 厘米，体长在 150 厘米以上，体重可达 12 千克；大家熟悉的丹顶鹤又叫仙鹤，羽毛洁白，身高腿长，在水中站立则潇洒脱俗，在天空飞翔则姿态优雅，而且它们声音洪亮；蓑羽鹤是鹤类中最小的一种，体长只有 70 厘米左右；黑颈鹤是我国唯一的高原鹤，它们生活在海拔 2000 米以上的高原湖泊、沼泽地带。据说，鹤的每一个动作都有一定的含义，如鞠躬表示屈服而又愤怒，展翅表示怡然自得等。到了繁殖季节，雄鹤和雌鹤就会和谐对舞，这时便具有了鲜明的爱情主题。

　　有的古人对于鹤的喜爱，达到了痴迷的程度，如春秋时期的卫懿公，因为爱鹤最终身败名裂，给我们留下了"仙鹤坐车"的故事。鲁闵公二年冬十二月，狄人攻打卫国。卫懿公喜爱鹤，不仅给仙鹤封官，还让它们坐车。士兵们看到国君竟然如此喜爱鹤，就说："派鹤去打仗吧！"大家一肚子牢骚，这仗肯定打不好。卫国的军队与狄人在荥泽交战，卫国打了败仗，狄人于是灭掉了卫国。

　　到了西晋时期，养鹤成了一时的风气。羊祜是当时出名的将军，他镇守荆州的时候，曾经畜养了很多鹤，他喜欢让这些鹤在宾客面前舞蹈娱乐。支道林是六朝时期的高僧，他对鹤也有一种由衷的喜爱。朋友投其所好，赠给他两只幼鹤。等到这两只小鹤羽毛丰满准备展翅高飞时，支道林舍不得，就把它们翅膀上的羽毛剪掉了。两只鹤伤心地看着被剪的翅膀，懊丧地垂下了头。支道林看在眼里，内心不忍，说："既然你们有在天空翱翔的能力和愿望，怎么会甘愿做供人娱乐的玩物呢？"于是，等这两只鹤的羽毛再次丰满的时候，就放飞它们回归了蓝天。

　　在有关仙人的传说中，往往有仙鹤相伴。如西王母去拜访汉武帝的时候乘的就是仙鹤；《列仙传》中王子乔成仙后也乘白鹤返回家乡；《图经》中说费祎登仙时也是乘鹤……像这样的故事还有很多。所以，鹤在中国历史上被看成是仙禽。另外在传统文人的眼中，它们还有着高人隐士的风范。鹤和隐士结缘的时代应该说比较晚，因为唐代的诗歌中虽然多次提到鹤，但不外乎咏物写情及叙述神仙之事的渺茫。到了宋代，鹤的身上才开始被隐逸的气氛所笼罩，和隐士结下了不解之缘。特别是林逋，终身不娶，隐居在杭州西湖的孤山上，把梅树作为妻子，把鹤作为子女，潇洒尘外，度过一生。后人以"梅妻鹤子"表示清高；以"孤云野鹤"比喻隐居或闲散的人；以"云中白鹤"比喻品格高洁、志向高远的人；以"云心鹤眼"比喻高远的处世态度。

古人把鹤作为长寿的象征，《淮南子》中甚至说这种鸟可以活上千年，所以人们常用"鹤语尧年"指人活得久远，见多识广；用"松鹤延年"祝贺老人长命百岁，万寿无疆；用"鹤发童颜"形容人年老体健，仙风道骨；用"松形鹤骨"形容人的仪容清癯、轩昂。

与鹤有关的成语还有很多，比如"别鹤孤鸾"比喻离散的夫妻；"强凫变鹤"比喻滥竽充数，徒劳无益；"杳如黄鹤"比喻一去不返，毫无踪影；"枯鱼病鹤"比喻处境穷困的人；"枭心鹤貌"比喻心恶貌善；"截鹤续凫"比喻事物之间勉强代替，从而失去了它们的本性；"焚琴煮鹤"比喻糟蹋美好的事物而大煞风景；"惭凫企鹤"比喻对自己的短处感到惭愧，而羡慕别人的长处；"风声鹤唳"形容极度惊慌害怕或自相惊扰；"凫鹤从方"比喻顺其自然行事；"鸣鹤之应"比喻诚笃之心相互应和；"鹤知夜半"比喻各有专长；"鹤唳猿声"形容凄清孤寂的景象；"鹤鸣之士"指有才德声望的人；"鹤归华表"指感叹人世的变迁；"鸾音鹤信"比喻仙界的音信。

在《冷斋夜话》中有一个《鹤亦败道》的故事。有个叫刘渊材的人，性情迂阔，还喜欢怪诞，经常说话神神道道的。刘渊材家里养了两只鹤，他总是对别人说："我家的鹤与众不同啊。一般的鹤是卵生，我这两只是胎生。"有一次，正在说同样的话，听的人也觉得奇怪，这时家人过来报告："昨天晚上，咱家的鹤下蛋了，像梨子那么大。"刘渊材等于被当众打了脸，气急败坏地训斥："你怎么胡说八道，诽谤我的仙鸟呢？"大家提议一起过去看看，刚来到鹤的旁边，鹤就趴到了地上，大家不知道怎么回事儿。刘渊材用拐杖去吓它，鹤突然站了起来，竟然又下了一个蛋。刘渊材仰天长叹："唉，仙鸟也败坏仙道啊！"

鸱目虎吻

像猫头鹰一样的眼睛，像老虎一样的嘴巴，比喻人奸狠凶恶的样子。

【出处】

出自班固《汉书·王莽传中》："是时^①，有用方技^②待诏黄门^③者，或^④问以莽形貌^⑤，待诏曰：'莽所谓鸱目虎吻豺狼之声者也，故能食人，亦当为人所食。'"

①是时：当时。

②方技：古时总称医学、卜算、星相之类技术，这里指炼丹求仙的方士。

③待诏黄门：在黄门等待皇帝召见。黄门指宫门，因为宫门的小门涂黄色而称。

④或：有人。

⑤形貌：样子，相貌。

【小档案】

猫头鹰，鸟纲，鸮形目，鸱鸮科。除南极洲外，遍布世界各地。脑袋很大，有些种类具有面盘与耳簇羽，钩状短嘴，腿脚有力，善飞翔。暗褐色，体羽蓬松，眼睛黑大，听觉灵敏，夜间活动，目光敏锐，鸣声单调。雌雄鸟羽色相似，雌鸟体形稍大。肉食性，喜食鼠类和昆虫，栖息在森林、草原、沙漠，营巢于洞穴或其他鸟类废弃的巢穴中。

【成语飞花】

化鸮为凤：比喻能够以德化民，变恶为善。出自范晔《后汉书·循吏传》。

狐假鸮张：比喻倚仗别人，虚张声势。出自刘煦《旧唐书·僖宗本纪》。

狼突鸮张：像狼一样奔突，像猫头鹰一样张开翅膀，形容坏人猖狂嚣张到了极点。出自林则徐《会谕澳同知再行谕饬义律缴土凶稿》。

猫头鹰在人们的心目中是一种不祥的鸟，古时候叫作鸮枭，这种鸟的生活习性是昼伏夜出。每到夜深人静的时候，在农村空旷的原野上或山区的森林里总会传来刺耳甚至凄厉的叫声，这叫声恐怖得让人感到心惊肉跳。在一些地方，人们把猫头鹰看成阎王爷的使者，它晚上来到人间是勾人魂魄的，尤其是上了年岁的人总不希望听到它们的叫声，因为那将预示着生命的结束。当然，这只是迷信的说法。不过，把猫头鹰和死亡联系在一起仿佛在中国历史上有着悠久的传统。比如西汉时期有个著名的文人叫贾谊，他在被流放到长沙时，曾经遇到一只猫头鹰飞到自己的家里，而且从容不迫地坐在桌子上，于是贾谊查阅了相关书籍，解释是如果有猫头鹰飞入家中，那将意味着"主人将去"，意思是说这家的主人将要死去。据说，古代的一些地方官员专门派人捕杀这种鸟，目的是减少它们的数量。

猫头鹰还有一个俗名叫作"夜猫子"，人们常说"夜猫子进宅无事不来"。这种鸟为什么叫"夜猫子"或"猫头鹰"呢？原来它们的眼睛和脑袋看起来非常像猫，而且具有鹰隼一样猛禽的特点。猫头鹰是捕捉田鼠的能手，而且它们主要靠捕食田鼠为生，田鼠又主要在晚上出来活动，猫头鹰也就随之形成了自己的生活习性，这大概就是被称为"夜猫子"的原因。因为猫头鹰的外形和声音都不招人喜爱，所以人们在厌弃和抱怨的时候往往容易忽略它们作为捕鼠能手的有益方面。所谓"人不可貌相"，这用在猫头鹰的身上大概也是比较合适的。

　　之所以叫作"鹰"，也正说明了猫头鹰属于凶猛的鸟类。它们平时主要靠捕鼠为生，但在饥饿的情况下甚至去其他鸟的鸟窝里偷吃它们的小鸟；另外据《埤雅》中说，猫头鹰甚至敢吃掉自己的父母。故而，猫头鹰在人们的心目中一直是反面形象，人们甚至喜欢把它们比作凶暴的坏人，比如成语"狼顾鸱跱"比喻凶暴的人伺机欲动；"鸱视狼顾"形容人的凶狠贪戾；"鸱张鼠伏"比喻时而嚣张，时而隐蔽；"鸱张蚁聚"比喻像猫头鹰那样嚣张，像蚂蚁那样聚集；"蛙鸣鸱叫"比喻浅陋拙劣的文辞；"鸱张门户"指树立门户，标榜门庭；"鸱张鱼烂"比喻外表嚣张，内部却溃烂而自行灭亡。

　　王莽是西汉王朝的逆臣贼子，据说他长相非常奇特，有着猫头鹰一样凶狠的眼睛，所以有人说他不是一个善类，预言他不仅祸害人民，而且将来一定会被人们吃掉。后来，王莽做了皇帝以后，不断发动战争，增加苛捐杂税，使人民生活在水深火热之中。等到他失败后，人们不仅肢解了他的尸体，甚至将他的舌头吃掉。

　　至于为什么猫头鹰多在夜间活动，古代有着一些离奇的解释，事实上是这样的：任何动物分辨周围物体的能力，都是由视网膜上的感觉细胞收到信号，通过视神经传达到大脑的。而感觉细胞又分为视锥细胞和视杆细胞，其中视锥细胞在强光刺激下才能够起作用，而视杆细胞却是在弱光刺激下起作用的。猫头鹰视网膜上的视杆细胞非常发达，但视锥细胞几乎是零。因此，它们白天的时候只能在树林里睡大觉，到了晚上才能够精神抖擞，展翅飞翔，准确地寻找食物，无声地偷袭猎物。其实，"夜猫子进宅无事不来"是有道理的，因为它们一是为了捕捉老鼠，二是为了清理厨房中的腐肉。猫头鹰听觉灵敏，但味觉却很差，即便腐烂的动物尸体，在它们眼里也是美味佳肴，所以它们会像对待新鲜食物那样狂吞滥咽。

　　庄子寓言中就曾经有过猫头鹰害怕凤凰和自己争夺腐烂的老鼠这样

的故事。

　　我们来了解一个故事——《鹓雏与鸱》。惠子做了梁惠王的宰相，好朋友庄子前去看望他。有人对惠子说："庄子这次来，是想取代你做宰相的。"于是惠子害怕了，就在城内搜查起来。庄子听说后，直接去见了惠子，说："南方有一种鸟，叫凤凰，你知道吗？从南海出发飞往北海，只住在梧桐树上，只吃竹子的果实，只喝甘甜的泉水。一只抓着死老鼠的猫头鹰看到了凤凰从头顶上飞过，就发出恐吓的声音，结果凤凰根本就没有稍作停留的意思。在我看来，你那个宰相位和猫头鹰吃的死老鼠没有什么分别！"

燕颔虎颈

像燕子一样的下巴，老虎一样的脖子。形容人相貌威武。

【出处】

出自范晔《后汉书·班超传》："超问其状，相者①指曰：'生②燕颔虎颈，飞③而食肉，此万里侯相④也。'"

① 相者：算卦的，相面的。

② 生：原指书生，这里可以理解为先生。

③ 飞：事业上飞黄腾达。

④ 万里侯相：万里封侯的面相。

【小档案】

燕子，鸟纲，雀形目，燕科，候鸟。分布广泛，全球多地可见到。身长 10～17 厘米，体形轻巧呈流线型，翅膀狭长，尾巴叉形，上体蓝黑色，额与喉部棕色。腿短而细弱。嘴巴短、宽、扁呈三角形。常栖息于屋檐下，用灰泥或稻草和唾液筑巢。以捕食昆虫为生，鸣声细弱而有节奏。

【成语飞花】

来鸿去燕：比喻行踪漂泊不定的人。出自黄景仁《稚存从新安归作此寄之》。

刀头燕尾：比喻笔锋刚劲有力。出自郭若虚《图画见闻志》。

柳莺花燕：指美好的春景。出自张可久《落梅风·闲居》。

　　燕子是和人们在同一屋檐下居住的朋友，它们身材娇小，体态轻盈，具有快速灵活的飞翔能力。人们常用"体轻如燕"来形容行动灵活轻巧。郑振铎先生曾经这样描绘燕子的模样："乌黑的一身羽毛，光滑漂亮，积伶积俐，加上一双剪刀似的尾巴，一对劲俊轻快的翅膀，凑成了那样可爱的、活泼的一只小燕子。"燕子是候鸟，它们总是在春天来临的时候从遥远的南方飞回到自己的旧巢，所以我们送给它们一个美名叫"春天的使者"。善良的人们都希望燕子能够在自己家中落脚，如果燕子每年都能够在家里筑巢的话，这一年家庭里就会平安吉祥。燕子是捕捉昆虫的能手，下雨之前，昆虫因为翅膀潮湿而难以在高空飞翔，燕子就跟着在低空飞行捕捉那些昆虫。细心的人们不难发现，燕子虽然非常善于飞行，但很少落到地面上行走，因为它们的腿退化得太弱了，不能够长时间支持自己的体重，所以即便为了采集营造安乐窝的泥土时在地上走几步，对于它们来说已经是非常不容易了。

　　燕子的别名很多，有玉剪、意而、玄鸟、乌衣、乙鸟、游波、天女、神女等。人们对于燕子非常喜爱，百般呵护，甚至赋予它们许多神奇的色彩。如《史记·殷本纪》中记载，帝喾的妃子简狄因为吞下了玄鸟的蛋而生下契。《汉书·景十三王传》中说，刘荣起初被立为皇太子，后来被废为临江王，一次去拜见皇帝迟到了，害怕受到责罚，就自杀了，尸体被埋葬在蓝田，人们发现有几万只燕子衔着泥土来到刘荣的坟上。《开元天宝遗事》中说，张说的母亲梦到一只白燕子从东南飞来，飞到了自己的怀里，因而受孕生下了张说，张说后来做了宰相。《渊鉴类函》中还引用了这样一个故事：金陵人王谢在海上遇到大风，船被刮到了一个地方，这里的国王把自己的女儿嫁给了王谢，妻子告诉王谢说，这里是乌衣国。后来，王谢想念自己的家乡，国王就用飞云车把他送了回来。回到家中以后，王谢发现梁上有两只燕子在喃喃地鸣叫，这才明白他所到达的乌衣国原来是燕子国。到了秋天，燕子将要回去了，它们在院子里不停地鸣叫，显得非常悲伤。于是，王谢就写了一首诗系在燕子的腿上，表达了对妻子的思念与愧疚。第二年的春天，燕子又飞回来了，而且尾巴上附有王谢妻子的书信，表达了妻子对王谢的相思之情。

燕子经常出现在成语中，如"池鱼堂燕"比喻无辜受祸；"池鱼幕燕"比喻处境危险非常容易遭殃的人；"燕子衔食"比喻哺育孩子的艰辛；"燕处焚巢"比喻处境非常危险；"燕语莺啼"形容春天的美景或比喻年轻女子娇声谈笑；"伯劳飞燕"借指离别的亲人或朋友；"劳燕分飞"比喻夫妻、情侣别离；"东劳西燕"比喻离别，也比喻来自不同方向的同路人；"燕雀之见"比喻浅薄的见识；"燕雀之居"比喻简陋的房屋；"燕雀安知鸿鹄之志"比喻庸俗的人不能理解志向远大的人的抱负；"燕幕自安"比喻处境危险却不自知；"燕颔儒生"指有封侯之相的读书人；"燕跃鹄踊"形容迅捷威猛。

《左传》中有一个《燕巢于幕》的故事。春秋时期，有一个叫季札的人，人们又称他公子札。他是吴王寿梦的儿子，很有才，经常与人谈诗论乐。在吴王寿梦去世后，原本大家是想拥立季札接替国君位置的，但他就是不答应，于是他离开吴国到处去游历。这天他要从卫国到晋国去，晚上住在戚地。突然，外边传来一阵钟声，季札觉得奇怪，就说："这个人将会有灾祸发生啊。与人争权夺利，不把修德放在首要位置，这样的人一定没有好下场。这个人现在演奏音乐，这不是没事找事吗？这种做法十分危险，毕竟卫献公刚刚去世，还没有安葬，你怎么能演奏音乐呢？这不像燕子在幕壁上做窝吗？"想到这里，季札马上收拾行李离开了戚地，戚地是卫国执政大夫孙文子的封地。后来，季札的话传到了孙文子的耳朵里，孙文子恍然大悟，一辈子再也没有听过音乐。

草长莺飞

形容春天景色的美好。

【出处】

出自丘迟《与陈伯之书》："暮春①三月，江南草长，杂花②生树，群莺乱飞。"

① 暮春：晚春，旧指阴历三月。

② 杂花：百花，各种花。

【小档案】

黄莺，鸟纲，雀形目，黄鹂科，又名黄鸟。属夏候鸟，遍布全国各地，特别是在中部和东部地区更为常见。体长22～26厘米，雄鸟羽色金黄，腹部稍淡，头部有自眼周直达枕部的黑纹。嘴巴粉红，腿短弱，不善步行，是典型的树栖鸟类。性胆怯，善鸣唱，鸣声清脆悦耳。主食林中有害昆虫，有时也吃草籽、浆果及植物碎叶。

【成语飞花】

燕妒莺惭：形容女子貌美，燕子见了妒忌，黄莺见了自惭。出自曹雪芹《红楼梦》第二十七回。

燕侣莺俦：形容和谐相伴的情侣或夫妇。出自徐琰《青楼十咏·小酌》。

　　黄莺又叫黄鹂、黄鸟、仓庚等，是人们心目中的歌唱能手，比如古诗中有"两个黄鹂鸣翠柳""自在娇莺恰恰啼"等，都是描摹它们歌唱时的样子。在它们兴高采烈的歌唱中，我们不仅感受到了春光的明媚，也感受到了自己生命中的勃勃生机。与黄莺有关的成语"燕舞莺歌"形容春光明媚；"蝶意莺情"比喻爱恋春色的情意。可以这样说，黄莺之所以惹人喜爱，主要原因在于它们悦耳的歌声。唐朝时期的韦应物曾经写过《听莺曲》，把黄莺的鸣叫声写得出神入化，读来让人仿佛看到春意盎然的美景，身心愉快。比如"忽似上林翻下苑，绵绵蛮蛮如有情"，不仅描绘出了它们倏忽上下地飞翔，而且表现出了它们绵蛮的鸣叫声中所传达出的情意。宋朝时期的梅尧臣更是称赞莺歌"最好音声最好听"。也正是因为黄莺的声音婉转美妙，我们才会用"莺声燕语"来比喻女子婉转悦耳的声音；用"燕语莺啼"来比喻年轻女子娇声谈笑。但不知为什么，后来黄莺却和男女恋情连在了一起，如"燕约莺期"比喻相爱的男女约会的时间；"燕燕莺莺"比喻娇妻美妾或年轻女子；把女子的住处叫作"莺闺"；甚至用"莺巢燕垒"比喻妓院。

　　这种鸟身体呈黄色，曾经被唐明皇惊呼为"金衣公子"。它们的飞行速度很快，花丛中树林间上下翻飞，往返似穿梭一样，所以又被人们形象地叫作"金梭"。甚至还有人写了一首《莺梭》诗，其中两句是"自织春风金缕衣，穿红度翠往来飞"，可以说形象自然。其实，黄莺并不是纯黄色的，而是杂有其他颜色，看上去色彩斑斓的，如眼部到头后部黑色，眼睛和嘴巴是红色或粉红色，爪子是铅蓝色，这样的鸟儿穿梭在春天的繁花之间，当然是惹人喜爱的点睛之笔了。黄莺属于候鸟，到了冬天的时候就飞到印度等温暖的地方。但是古人不明白这个道理，就解释说"冬月则藏蛰田塘中，以泥自裹如卵，至春始出"，意思是说，它们在地下冬眠呢！黄莺是保护森林的益鸟，它们以捕食昆虫为生，尤其是在孵育后代的时候，每天都要捕捉一二百条害虫。

　　声音婉转嘹亮、羽毛色彩斑斓的黄莺自古以来就是人们进行笼养的对象，魏文帝曹丕曾经写过一首《莺赋》，描写的就是笼莺。但是，这种鸟生性倔强，不肯轻易就范，不是绝食就是撞笼；即便你用尽办法使它不寻短见，它也不肯让你听到它的叫声；退一步说，即便鸣叫，也不如大自然中的婉转。所以，曹丕在他的《莺赋》里才会这样说："堂前有笼莺，晨夜哀鸣，凄苦有怀。"真是深得黄莺之心啊！和曹丕同时期的王粲也曾经写过一篇同名的作品，其中有"就隅角而敛翼，倦独宿而宛颈"，同样表达了对黄莺的同情。不言而喻，无论是曹丕还是王粲，都是在借咏物来抒发自己内心的感情。

人们喜欢用温情和爱意来形容父母的伟大，其实对于鸟来说，也是一样的。《鹤林玉露》中记述了这样一则故事：婺州的古木上有一个黄莺窝，一个卒子从里面偷走了小黄莺。这天郡守王梦龙正在审理案子，一只黄莺忽然飞下，用爪子抓住一个卒子的头巾就要飞走；后来黄莺发现抓错了，又飞回来还头巾，然后把偷小黄莺那个卒子的头巾抓走了。郡守王梦龙知道真相之后，不仅杖打了那个卒子，而且把他逐出府衙。《玉堂闲话》中的故事更是富有悲剧色彩：一个人从黄莺巢里抓到了一只小黄莺，把它养在竹笼里，结果小黄莺的父母整天围着竹笼哀鸣，不吃不喝。于是，这个人把小黄莺放在笼子的外面，老黄莺就来喂养它，即便人走到跟前，老黄莺也没有害怕的样子。一天，这个人没有把小黄莺放出笼子，小黄莺的父母就围绕着笼子飞翔，渴望也进到笼子里去，但是无孔可入。令人意外的是，一只黄莺一头扎入水中，另一只用头撞在了笼子上，结果双双死去。这两只黄莺被解剖后才发现，它们已经肝肠寸断了。可见，鸟类中也不乏爱护子女的典范。

隋珠弹雀

比喻做事情不能权衡轻重，得不偿失。

【出处】

出自庄周《庄子·让王》："今且有人于此，以隋侯之珠[1]，弹千仞[2]之雀，世[3]必笑之。"

① 隋侯之珠：传说周朝时的隋侯曾经救过一条大蛇，后来蛇衔来一颗大夜明珠作为报答。又称隋珠、明月珠、隋侯珠、灵蛇珠。

② 仞：古代七尺或八尺为一仞。

③ 世：世人。

【小档案】

麻雀，鸟纲，雀形目，雀科。体长14厘米左右，头颈部栗褐色，背及两肩颜色稍浅而密布黑褐色条纹，喉部黑色，下体灰白色，眼暗红，嘴黑色，脚赤色或肉色，遍布世界各平原及丘陵地带，营巢于屋壁、檐边或树洞。性喜群栖，鸣声单调，飞行或跳跃前进，多以谷物、草籽、昆虫为食。每窝产卵4～6枚，孵化期约12天。

【成语飞花】

门可罗雀：形容门庭冷落，宾客稀少。出自司马迁《史记·汲郑列传》。

杨雀衔环：比喻报恩。出自吴均《续齐谐记》。

掩目捕雀：遮住眼睛捉麻雀，比喻自欺欺人。出自陈寿《三国志·魏书·陈琳传》。

麻雀是比较常见的鸟，它们和人类的关系非常密切，被称作"伴人动物"。全世界的麻雀共有 19 种，我国有 5 种。麻雀分布范围很广，不像燕子那样随着季节的变化来回迁徙。无论是在田间草丛，还是在林间地头，或者乡村茅舍、城镇小区，都可以看到活泼可爱的麻雀，它们喜欢成群活动，经常三五成群、几十只上百只地聚集在一起，特别是成群的麻雀一起惊飞的场面非常壮观。这种鸟的适应能力较强，既可以生活在屋檐下、树枝上，又可以生活在墙洞或树洞里，平时以杂草或谷物的种子为食物，到了哺育后代的时候，主要用昆虫喂养幼鸟。因为它们在一定程度上对农作物构成了危害，所以曾经被列为"四害"之一，几乎遭受灭顶之灾。据沙叶新的《1958 年的中国麻雀》介绍："这一年的 12 月 13 日，光这一天，仅上海一个地区，用最原始的武器就消灭近 20 万只麻雀！"这是多么"壮烈"的"人民战争"啊！其实，从麻雀能够消灭害虫和清除田间杂草来看，还是应该给予它们肯定的。目前，随着环境的变化，麻雀的数量也大幅度减少，所以一些城市已经把它们列为受保护动物。

俄国著名作家屠格涅夫曾经写过一篇名叫《麻雀》的散文，通过老麻雀面对猎狗奋不顾身保护幼鸟的短暂瞬间，让我们看到了动物界父母对于子女那种无私、崇高和伟大的爱。老舍也写过一篇名叫《小麻雀》的散文，作者不仅写出了小麻雀的外形、动作和神情，更反映出了对这只受伤的小麻雀的同情与关爱，与屠格涅夫《麻雀》不同的是，我们从《小麻雀》中看到了老舍的博大胸怀和仁慈爱心。陆蠡在他的《麻雀》一文中通过麻雀的特征，运用复沓的手法展开了小麻雀先前的舒适和幻想以及后来的困顿和破灭，从而讽刺了那些急躁喜功、经不住考验的人。三篇关于麻雀的散文，让我们从中领略了不同的意蕴。

　　西汉翟公在任廷尉的时候，客人总是络绎不绝，后来他被罢了官，门前马上清静了许多，甚至家仆可以在门外用网捕捉麻雀，可见世态是多么炎凉，这就是"门可罗雀"的典故，这个故事充满了神奇色彩。在唐朝天宝末年，安史之乱爆发，张巡在雍县率领 2000 名士兵抵抗 4 万叛军达 60 天，后来撤到睢阳，与城中合军达 6000 人，抵抗 13 万叛军的进攻。可以想见战斗的艰苦！后来，城中连一点儿粮食都没有了，军民被饿死了很多。在这种情况下，张巡下令张网捕捉麻雀，挖洞捕捉老鼠，甚至把兵器上的皮革也煮着吃掉了。这就是成语"罗雀掘鼠"的由来。

　　和麻雀相关的成语还有很多，我们可以举出一些。如"燕雀之见"比喻浅薄的见识；"燕雀之居"比喻简陋的住处；"燕雀安知鸿鹄之志"比喻庸俗的人不能理解志向远大者的抱负；"燕雀处堂"比喻处境危险但自己没有觉察到；"罗雀掘鼠"比喻想尽办法筹措财物；"雀目鼠步"比喻非常惶恐；"雀喧鸠聚"形容纷乱吵闹；"丛雀渊鱼"比喻不行善政，等于把老百姓赶到敌人方面去；"蛇雀之报"比喻知恩图报；"雀角鼠牙"形容争吵、打官司；"雀马鱼龙"泛指珍禽异兽；"黄雀伺蝉"比喻祸害已经近身，自己还不知道；"凫趋雀跃"比喻欢欣鼓舞；"鸦雀无声"形容非常寂静；"鼠雀之辈"比喻鄙陋卑微的人。

　　我们讲《雀儿肠肚》和《雀入僧袖》两个小故事。《雀儿肠肚》和宋太祖有关系。北宋初年，宋太祖派兵灭了后蜀，后蜀的皇帝孟昶和他的大臣都被押到了开封。宋太祖对他们一一进行了安置。一个叫曹彬的大臣偷偷上了一道密奏，那意思是说："蜀国存在的时间也不短了，有一定的基础，如果孟昶逃回去，一定会后患无穷。如果蜀国人听说自己的国王还活着，可能还会打着孟昶的旗号造反。所以，应该杀掉孟昶，以绝后患。"宋太祖看了之后哈哈大笑，在奏文的后面写了几个字"你好雀儿肠肚"，那意思是，你肚量太小了，不仅没有杀孟昶，还封孟昶为秦国公，封他的两个儿子为节度使。

　　《雀入僧袖》是怎么回事呢？这个故事见于《笑赞》，算是个笑话吧。一只鹞子追着一只麻雀飞，麻雀惊慌失措地飞进了一个和尚的袖子里。和尚把麻雀拿在手中开玩笑："阿弥陀佛，难道今天还要开荤吗？"麻雀一听，坏了，这是"才脱鹞爪，又入僧口"啊，于是装死，一动不动。和尚一看，麻雀伸腿了，就把手掌伸开了，结果说时迟那时快，麻雀一下子飞走了，并对和尚说："阿弥陀佛，你还是放生了我吧。"

　　救助黄雀说不定还有好事发生呢，这就是吴均《续齐谐记》中的"杨雀衔环"，又叫"黄雀衔环"。汉代杨宝九岁的时候从华阴山北面经过，看见一只猫头鹰在追赶一只黄雀，黄雀受伤后掉到了树下，杨宝很同情黄雀的遭遇，就把黄雀带回家救治。杨宝每天很尽心地照料黄雀，慢慢地黄雀的伤好了，羽毛也变得光亮起来。杨宝很高兴地把黄雀放生，但黄雀舍不得飞走，每天白天飞出去，晚上飞回来偎依在杨宝的身边。直到有一天，晚上没有再飞回来，杨宝觉得黄雀彻底飞走了。

　　一天夜里，杨宝读书到了深夜，忽然从门外进来一个身穿黄衣的童子，进门就给杨宝跪下了。杨宝有点儿丈二和尚摸不着头脑，就问到底怎么回事。黄衣童子毕恭毕敬地说："我就是您前些日子救的那只黄雀，本是西王母的使者。那天本来是奉了王母之命出使蓬莱，没想到中途遇到猫头鹰，要不是您好心救我，我早就死于非命了。对于您的救命之恩，我将铭记在心。"说着从怀中掏出四个白色的玉环，祝愿说："祝您的子孙都像这玉环一样洁白，位居要职。"说完，黄衣童子飞走了。果然，后来杨宝的后代都做了高官。

乌头白，马生角

乌鸦头变白，马头上长角，比喻不可能发生的事情，或者难以实现的愿望。

【出处】

出自《燕丹子》："太子丹①质②于秦，秦王③遇④之无礼，不得意，欲归。秦王不听，谬言⑤曰：'令乌白头，马生角，乃可。'"

①太子丹：燕丹，战国时期燕国的太子，曾经到秦国作为人质，后来请荆轲刺秦王。

②质：人质，这里是动词，做人质。

③秦王：嬴政，战国时期秦国的国君，后来统一天下建立秦朝，历史上称"秦始皇"。

④遇：招待。

⑤谬言：不可能实现的话，故意刁难的话。

【小档案】

乌鸦，鸟纲，雀形目，鸦科。几乎遍布全球，多为留鸟。在雀形目中体形最大，体长50厘米左右。羽毛多为黑色，有光泽。眼睛褐色或黑色。黑嘴巴，黑爪子。性机警，喜群居，善飞翔，但嗅觉不太灵敏。鸣声单调悲凉。多栖息于山区、平原、田野，在高树顶端筑巢。食性广泛，主要以谷类、昆虫等为食物。

【成语飞花】

兔走乌飞：指日月运行，光阴流逝。出自韩琮《春愁》。

兔起乌沉：指月出日落。出自韩琮《春愁》。

因乌及屋：因为某一事物而兼及其他有关事物。出自邹容《革命军》。

　　乌鸦是雀形目鸦科部分种的统称，分布在大江南北。乌鸦多数全身都是黑色的，泛着金属光泽。据说，古人在造字的时候觉得这种鸟全身乌黑，很难发现它们的眼睛，就把"鸟"字中的一点省去。常见的乌鸦主要有大嘴乌鸦、秃鼻乌鸦和寒鸦，其中前两种体形粗大，全身黑色；而寒鸦体形小，胸部、腹部及脖子是白色的。乌鸦适应能力较强，不仅可以生活在山区和平原，甚至还可以生活在高原，比如个头最大的渡鸦就生活在海拔 3000 米以上的青藏高原。乌鸦喜欢在高大的树顶筑巢，经常早出晚归，成群飞行。这种鸟生性凶悍，富有攻击性，它们经常偷吃别的鸟蛋，甚至一些懒惰的乌鸦还占据喜鹊的巢穴。

　　乌鸦的叫声简单粗粝，非常难听，加上它们乌黑的身体，以及喜欢攻击的个性，大家都不喜欢它们，在一些地方，当人们听到乌鸦的叫声时要吐唾沫把它们赶走。现代作家施蛰存曾经在一篇名为《鸦》的文章里说："我一听到乌鸦的叫声，就会无端地陷入朦胧而幽暗的感触里，有时候不禁要打寒战，感到悲哀。"在成语中，人们也多赋予它们贬义。比如"天下乌鸦一般黑"比喻坏人坏事各地都差不多，到处都是一样黑暗；"乌集之交"指以利聚合，不以诚相待的交情；"信笔涂鸦"比喻字写得很凌乱；"彩凤随鸦"比喻才貌出众的女子嫁给了远不如自己的男人；"画蚓涂鸦"比喻书法或文字拙劣；"鸦飞雀乱"形容纷乱。除此之外，和乌鸦有关的成语还有："爱屋及乌"比喻喜爱一个人就连带喜爱和他有关的事物和东西；"乌鹊通巢"比喻异类和睦共处；"东兔西乌"指月亮东升，太阳西落，表示时光不断流逝；"乌焉成马"泛指文字经传抄造成讹误；"乌鸟私情"比喻孝顺父母；"白兔赤乌"借指时间；"白鱼赤乌"指祥瑞的征兆；"鸦雀无声"形容非常安静；"鹘入鸦群"比喻骁勇无敌。

其实，乌鸦并非一无是处，比如寒鸦就充满了亲情，人们叫它慈乌，小寒鸦出生后，它的妈妈喂养它 60 天，到了小寒鸦的妈妈年老时，长大的寒鸦再反过来喂养它的妈妈 60 天，这种反哺现象在寒冷的冬天特别常见。乌鸦也是长寿的象征，它们正常的寿命比长寿的松柏还要长。

另外，乌鸦还有一个光荣的称号，叫"太平鸟"。南宋初年，金兵大举南侵，赵构君臣为了躲避金兵，一路南下。一天，他们逃难到达绍兴，大家庆幸终于摆脱了追兵，准备休息。这时，一只乌鸦落到赵构的对面，不停地大叫。赵构见它样子难看，声音难听，仿佛在嘲笑自己，心中恼火，就用弓箭射它。结果，乌鸦不仅没有被射死，反而张嘴将箭咬住。乌鸦向南飞出一段距离，又停下来回头看着赵构。赵构更加生气了，他骑马拿着弓紧追不舍，大家也在后面跟随保护，乌鸦始终和赵构保持一定的距离。就这样，乌鸦飞了三四十里路，赵构等人也追赶了三四十里路。乌鸦飞过老岭，飞进了上旺的无名岭，赵构仍然紧追不放，要给乌鸦点儿颜色看看。这时，山下忽然一声炮响，大家回头一看，岭下的金兵正在慢慢后退。原来他们一直没有摆脱金兵的追击！可是到了无名岭，金兵发现这里地势险恶，担心有埋伏，于是下令撤军。从此，人们把这个无名的山岭叫"旗收岭"。赵构君臣脱离危险以后，都认为如果不是这只乌鸦引路，大家早就被俘虏了。赵构感叹说："我平时偏爱喜鹊，非常讨厌乌鸦，原来喜鹊报喜不报忧，没有想到在最危难的时刻是乌鸦向我们报警，挽救了我们的生命。这真是太平鸟啊！"从此，乌鸦便有了"太平鸟"这个光荣的称号。

我们应该都熟悉"乌合之众"这个成语，它出自《汉书》。公元 8年，王莽窃取汉朝，建立新朝。这就是造反，刘家的子孙肯定是不愿意的。刘秀等人起兵以后，先拥立懦弱无能的刘玄为更始皇帝。当时，豪强王郎说自己是汉成帝的儿子刘子舆，也带着一帮子人在邯郸起兵。

扶风人耿弇去投奔刘玄，一起去投奔的还有孙仓、卫包。两个人对耿弇说："刘子舆是汉成帝的儿子，投奔他是名正言顺的，我们何必舍近求远呢？"耿弇很严肃地说："那就是一群乌合之众，投奔他们祸患就会接踵而至，早晚会成为阶下囚。"但是，孙仓和卫包没听耿弇的话，还是投奔王郎去了。

鹊桥相会

一般指长久两地分居的夫妻团聚。

【出处】

出自应劭《风俗通》："织女^①七夕^②当渡河，使鹊为^③桥。"

① 织女：传说中的仙女，在天上织云锦，下凡和牛郎结为夫妻，后来被王母娘娘带回天庭，允许她和牛郎每年见一次面。

② 七夕：农历七月七日，中国的乞巧节，传说这天晚上是牛郎织女见面的时间。

③ 为：搭建。

【小档案】

喜鹊，鸟纲，雀形目，鸦科。几乎遍及世界各地，栖息在原野或山区，多数为留鸟。体长40～52厘米，上体羽色黑褐，其余部分白色。褐眼，黑嘴，黑脚。腿粗壮有力。尾羽较长，中宽端尖。性喜群居，在高树上筑巢。食性广泛，包括种子、昆虫及动物尸体等，但以小昆虫为主。生性机敏，善于飞翔。

【成语飞花】

以玉抵鹊：比喻有珍贵的东西而不知道爱惜。出自桓宽《盐铁论》。

声名鹊起：形容知名度迅速提高。出自李斗《扬州画舫录》。

处堂燕雀：比喻居安忘危的人。出自吕不韦《吕氏春秋》。

　　喜鹊在人们的心目中是"吉祥""喜庆"的象征。李时珍在《本草纲目》中这样描写喜鹊的样子：长长的尾巴，尖尖的嘴巴，黑色的爪子。喜鹊又叫灵鹊，声音清脆洪亮，清晨到空旷的地方寻找食物，晚上在高大的树木上过夜。喜鹊虽然有时也吃瓜果和谷物种子，但主要靠捕捉昆虫为生，在繁殖期间更是如此。喜鹊喜欢成对生活，有时也结成小群活动，它们在寻找食物的时候非常机警，总会有一只喜鹊负责守卫，保护其他喜鹊的安全。如果遇到敌情，那只负责守卫的喜鹊就会发出惊叫声，然后大家赶快飞离危险之地。有时，喜鹊为了保护自己的家园和后代，会集体攻击入侵者，显得勇猛而且机智。当人们因为"鸠占鹊巢"而对它们报以极大同情的时候，几乎不敢相信这些被同情的喜鹊也会做出"打家劫舍"的行径，它们不仅强占别的鸟的巢穴，甚至还吃掉所抢占鸟巢中的鸟蛋。喜鹊是松毛虫的天敌，即使在它们吃饱的情况下，发现了松毛虫也要将其置之于死地，所以喜鹊被人们称为"松林益友"。

　　《禽经》上有"灵鹊兆喜"，乡村俗语有"喜鹊叫，亲家到"的说法，这都可以说明人们对于喜鹊的喜爱程度。据说，如果谁能够看见两只喜鹊同时衔着一根木棍搭建鸟巢的话，这个人肯定要大富大贵。《太平广记》中有这样一个故事：唐朝贞观末年，有个罪犯看见喜鹊冲他不停地鸣叫，他觉得这是一件好事情，皇帝可能要免除他的罪行，后来果真应验。唐朝诗人王建曾经写过一首《祝鹊》诗，描写一位闺中的女子听到喜鹊的鸣叫声后的喜悦心情：她不仅从喜鹊的鸣叫声中听出了丈夫马上就要满载而归的喜讯，而且许诺要为喜鹊栽种更多、更好的树木，搭建更结实、舒适的巢穴来作为报答。这些都反映了民间对于喜鹊的亲近心理。

　　其实并不是所有的人都是这样，也有人认为喜鹊是不吉利的象征。唐朝诗人顾况在《柳宜城鹊巢歌》的序言里说，喜鹊的窝建在哪家南面的树枝上，这家不仅会贫穷，而且会发生争吵。所以一些地方的人们就把自己家中向南的树枝砍掉。《北齐书》的《张子信传》中说，张子信因为喜鹊在他家院子的树上鸣叫，酒杯掉在地上，于是告诉家人说要有争吵发生。

　　喜鹊只是自然界中的一种生物，它们并没有预知人们喜怒哀乐的能力，无论是报喜还是报忧，都是人们的一种联想，似乎并不能够完全应验。但古人发现根据喜鹊鸣叫的时间来判断天气好像比较准确，这在《补禽经》里已经有了记载。如果清晨时喜鹊边跳边叫，叫声婉转悦耳，那将预示着天气晴朗；如果叫声嘈杂难听，那将预示着天阴或要下雨；假如喜鹊忙碌着来回寻找食物往巢里搬运，那将预示着阴雨连绵的天气不远了。

　　喜鹊又叫"神女"，这个名字的来历还有一个美丽的传说：从前有个叫袁伯文的人，他在阴历七月初六的时候经过高唐，遇雨住在了一个山民的家中。夜里他梦见一个美丽的女子，自称是神女。伯文想挽留神女，可神女告诉他说："明天要为织女搭桥，不能耽误了时间。"伯文惊醒后发现天已经蒙蒙亮了，推开窗户一看，成群的喜鹊向东飞去。这便是喜鹊被称为"神女"的由来。自从喜鹊承担了为牛郎织女搭桥的任务之后，从来都是不辱使命，从此它们便有了成人之美的文化内涵，直到今天人们还把介绍青年男女相识相爱称作"搭鹊桥"。

　　下面是几个和喜鹊有关的成语，"魏鹊无枝"比喻贤才无所依存；"鸠占鹊巢"比喻强占他人的地方；"鸦默鹊静"形容寂静无声；"鸦飞鹊乱"形容纷乱；"鹊返鸾回"形容字写得神采飞动，像盘旋往复的鹊鸟和鸾鸟。

　　我们说说出自《郁离子》的"鹊集噪虎"，这个成语来自寓言故事，比喻那些毫无意义的多嘴多舌的人。喜鹊正在枝头做窝，有一只老虎突然来到树下，喜鹊便聚集在枝头开始对老虎叽叽喳喳叫起来。八哥听见之后，也群集在一起叫了起来。乌鸦看见后问："老虎生活在地上，又威胁不到你，你对它叫什么？"喜鹊说："你们听说过虎行生风吗？我怕它把我的巢弄坏了，所以才叫的。"乌鸦又问八哥："你为什么叫呢？"八哥想了半天，垂下了脑袋，因为它也不知道为什么叫。乌鸦笑着说："喜鹊叫吧，牵涉自身安危，你住在山洞里，老虎再生风，也危及不到你，你又何必跟着乱叫呢？"

在《墨子·鲁问》里有一个《公输为鹊》的故事。公输班用竹子、木片做了一只木鹊，开动机关能在天上连续飞三天三夜，公输班很得意，认为木鹊巧极了。墨子知道后，不以为意，说："你费尽心血做出来这只会飞的木鹊，有什么用？在我看来，不如普通匠人做出来的车辖有用。做出来的东西得有益于人们，那样才能称得上巧，没有任何使用价值，在我看来就是笨拙。"电影《十全九美》里面就是通过《鲁班书》的内容做木鹊，还成就了一个姑娘和太子的美满姻缘。

鸥鹭忘机

比喻淡泊隐居，不以世事为怀。

【出处】

出自《列子·黄帝》："海上之人有好沤鸟者^①，每旦^②之海上，从沤鸟游，沤鸟之至者，百住^③而不止。"

① 好沤鸟者：喜欢海鸥的人。沤，原指漂浮，这里同"鸥"，海鸥的意思。

② 每旦：每天早晨。

③ 百住：指数量很多。

【小档案】

鸥，鸟纲，鸻形目，鸥科。粗嘴，尖端略呈钩状。翼宽长。前趾间有蹼，善飞行。雌雄鸟羽毛颜色接近。嘴巴黄色。脚黄色。除背部羽毛深灰色外，多为白色。主要栖息于海岸、河口地带，以鱼类、地上小动物为主食，善游泳，常浮游于水面或在陆地觅食。集体筑巢于岛屿的悬崖或地上。

【成语飞花】

闲鸥野鹭：比喻退隐闲散的人，也比喻非正当男女关系中的女方。出自龚自珍《水调歌头》。

鸥水相依：比喻离不开赖以生存的环境。出自陈汝元《金莲记》。

鸥波萍迹：比喻闲适自由的隐者生活。出自王士禛《池北偶谈》。

海鸥是大海上常见的鸟。它们或三五成群在海浪中嬉戏鸣叫，或自由自在地在天空中盘旋翱翔，洁白的羽毛衬托着蓝天碧水，你会为此而自然地从心底涌上惬意的笑容，甚至会暂时忘记尘世中的烦恼。李时珍在《本草纲目》中把鸥鸟分成了几类，如生活在海上的叫海鸥，生活在江上的叫江鸥，随潮往来的叫信凫。我们常见的海鸥几乎全是白色的，比如诗歌中有"摇裔双白鸥，鸣飞沧江流""仙人有待乘黄鹤，海客无心随白鸥""泛泛江上鸥，毛衣皓如雪""白鸟波上栖，见人懒起飞"等描写，无不表现出它们羽毛的洁白，甚至"拍手笑沙鸥，一身都是愁"，还对海鸥的洁白颜色进行了调侃。

常见的鸥鸟有银鸥和红嘴鸥。银鸥体长约 60 厘米，羽毛灰白色，多栖息于大小岛屿、海湾一带，有时也到内陆的河流和湖泊附近活动，性喜群居，擅长游泳，常在水面上或水边成群飞翔，主要靠捕捉鱼、昆虫和老鼠为食。红嘴鸥体长约 40 厘米，比乌鸦稍微大点儿，除了头部和颈部的羽毛是暗褐色外，其余部位多为白色或淡灰色。嘴巴和脚都是红色，生活在淡水植物丛生的湖泊、沼泽湿地，以鱼、虾及螺类为食，也吃一些昆虫，特别喜欢吃蝗虫。红嘴鸥平时常三五成群地在水中嬉戏觅食或在水面上飞翔，飞行姿态轻巧，两个翅膀挥动的速度比较快，很少滑翔飞行。红嘴鸥在陆地上行走速度较快，喜欢和人类接近，常在居民区附近活动。昆明市中心公园的湖中每年冬天常有数千只红嘴鸥成群活动，这里的居民每天定时定点自发给它们喂食物，人鸟共处，群鸥飞翔，成为闹市区内的一大奇观。

吴然先生的散文《那只红嘴鸥》就反映了昆明这个地方人鸥共处的情景："红嘴鸥总在冬天飞来，用欢快的鸣叫，赞美昆明的温暖；用银亮的翅膀，擦拭瓷器般的蓝天……昆明，确乎因为红嘴鸥的光临而更富魅力了。""盘龙江畔，得胜桥头，鸥鸟和雪花一齐飞舞。这时候，许多老人，围着红围巾、戴着风雪帽的姑娘，哈出一团团热气的小伙子，还有刚刚放学的中学生、小学生，以至于值勤的民警……拥到江岸，挤到桥头，不是欣赏鸥鸟和雪花洁白的舞姿，而是把面包和馒头的碎片，把昆明人的爱和温柔，撒给风雪中的红嘴鸥！"

无论是鸥鸟在天空娴雅的舞姿，还是随波逐浪无虑无求的嬉戏，都给人以谐和闲适的感觉，那么令人神往。可能是因为鸥鸟洁白的羽毛所代表的品性，使得宋代的李昉为鸥鸟取了一个"闲客"的别名。古语说："临渊羡鱼，不如退而结网。"人们不仅神往鸥鸟的闲适生活，更是借鸥鸟来表现自己的生活状态，如杜甫在《江村》诗中说"自来自去堂前燕，相亲相近水中鸥"，就是用鸥鸟和燕子的闲适来表现自己心境的。贾岛也用"知心海上鸥"表明自己对于名利的淡漠。鸥鸟在成语中出现的机会虽然不多，但几乎无一例外地和闲散的隐居联系在了一起，如"鹭朋鸥侣""鹭约鸥盟"比喻隐居者的生活。当然，鸥鸟并非全然无忧无虑，比如崔道融在《江鸥》中说"为有求鱼心，不是恋江水"，刻画了鸥鸟泰然闲逸、专心致志的捕鱼情态；高启在《鸥捕鱼》中更是把鸥鸟捕鱼的神态描绘得形神逼肖，如"白头来往似渔翁，心思捕鱼江水中。眼明见鱼深出水，复恐鱼惊隐芦苇"，又如"江鱼食尽身不肥，平生求饱苦多饥"，不仅有外形的描写，更有心理的刻画，真是妙绝。

人们观察后发现，鸥鸟实在是一种益鸟，是人类的朋友。它们经常栖息在海上的岛屿或礁岩附近，群飞鸣噪，航海者可以因此而避免撞礁的危险。它们还有沿着港口出入飞行的习性，当航海者迷途的时候，或者大雾弥漫的时候，通过观察群鸥飞行的方向，追踪它们飞行的路线，能够正确确定所处位置和找到目的地；鸥鸟群集湖畔海滨的时候，非常爱吃人们丢弃的废物、动物的尸骸及其他垃圾，从而起到了清洁环境的作用。

鼋鸣鳖应

原指癞头鼋一叫，甲鱼就应答，用来比喻一唱一和，声气相通，互相呼应。

【出处】

出自范晔《后汉书·张衡列传》："高祖①踞洗②，以对郦生③。当此之会，乃鼋鸣而鳖应也，故能同心戮力④。"

①高祖：汉高祖刘邦。

②踞洗：坐着洗脚。

③郦生：郦食其，陈留县高阳人，因献策有功，被封广野君。

④戮力：合力，协力。

【小档案】

鳖，爬行纲，龟鳖目，鳖科。两栖爬行类，分布广泛。体长一般为20～40厘米，体盘椭圆形，背部没有角质盾片，颈长可作垂直伸缩，头颈可全部缩入体内，有吻突。四肢扁圆，指趾间蹼发达。栖息在底质为泥沙的江河、湖泊、山涧、水库、溪流中，夜间活动，胆怯机警，行动迅速。杂食性动物，以蚯蚓、昆虫、小鱼、小虾等为食，冬季潜伏在水底的泥沙中冬眠。体温随周围环境温度而改变，长寿。

【成语飞花】

瓮中之鳖：比喻已经在掌握之中，无法逃脱的东西。出自冯梦龙《警世通言》卷十八。

将虾钓鳖：比喻占人便宜。出自无名氏《普天乐·嘲风情》。

援鳖失龟：比喻因小失大，得不偿失。出自刘安《淮南子·说山训》。

鳖属于两栖爬行类动物。鳖类动物没有自我调节体温的能力，只能随着环境温度的变化而变化体温，因此它们对周围环境温度的变化感觉非常敏锐。科学实验表明，鳖类动物正常的生活水温在20℃到33℃之间，当水温低于12℃的时候，鳖就会停止吃东西，而且行动变得非常迟缓，开始潜到水底的淤泥和细沙中冬眠；当水温过高时，鳖也会降低食量甚至躲藏起来。鳖贪食成性，而且消化能力很强，既可以一次吃很多，也可以长时间不进食。鳖性机警胆怯，哪怕是稍微的响动，它们也会赶紧潜入水底。它们喜欢安静的环境，而且它们背甲的颜色和周围的环境非常和谐，具有保护自身安全的作用。每年夏季是鳖产卵的时期，每窝产卵3～18个，借阳光的温度孵化，孵化率在一半左右。鳖的寿命比较长，一般在数十年乃至上百年。鳖类动物具有很好的药用价值，很多名贵的中成药都离不开它，所以养鳖已经成为许多地方重要的经济来源之一。

鳖在陆地上的爬行速度非常缓慢，所以人们常用鳖在陆地上的爬行速度来比喻某个人的办事速度或行动缓慢，比如谚语中有"三天爬不到河边——笨鳖""龙行一步，鳖爬半年"等。具有健康四肢的鳖的速度尚且如此慢，可想当它们跛了脚的情形，但荀子却在这些跛鳖的身上发现了一种锲而不舍、顽强拼搏的精神，那就是"跛鳖千里"。这个成语原意是说，只要坚持不懈，跛足的鳖也可以行千里路；比喻只要努力不懈，即使条件很差，也能取得成就。另外，"西瓜系在鳖腿上——滚不了西瓜，也跑不了鳖"指两个人的命运紧密相连，互相牵制。

和鳖有关的成语比较少，除了以上几个之外，还有"证龟成鳖"比喻蓄意歪曲，颠倒是非；"炰鳖脍鲤"比喻珍美馔食；"瓮中捉鳖"比喻做事情有把握。"瓮中捉鳖"这个故事有点儿意思，出自元杂剧家康进之《梁山泊李逵负荆》这段戏，其中的主人公是李逵。说的是在梁山附近有个杏花庄，庄上有个叫王林的老汉。王林的女儿满堂娇出落得貌美如花，结果被两个地痞流氓看上了，这两个人一个叫宋刚，一个叫鲁智恩。这两个贼人仗着自己的名字和梁山好汉宋江、鲁智深读音相近，于是就假冒二人的名义抢走了满堂娇。这事儿被李逵知道了，误以为宋江抢走了满堂娇，于是大闹忠义堂，还要砍倒"替天行道"的杏黄旗。结果带着宋江到了王林那里一对质，搞错了！李逵负荆向宋江请罪。宋江命令李逵抓住那两个贼人，李逵说："这事儿对于我来说就像瓮中捉鳖，简单得很。"果然，两个贼人不是李逵的对手，被抓住了。

在纪晓岚《阅微草堂笔记》中，有一个和鳖有关的故事：四川藩司张宝南的奶奶喜欢吃鳖肉，一天厨师买了一只大鳖准备做给老太太吃。可是，刚砍下鳖的脑袋，厨师却发现从鳖的脖子里走出一个小人儿，有四五寸高，围绕着鳖走动。这个厨师大惊失色，吓得倒在地上。大家发现之后，赶紧把他救醒，但小人儿已经不见了。可是剖开鳖却发现，那个小人儿仍然在鳖的肚子里面，只是已经死了。

《搜神记》中记载着人变成鳖的故事：三国魏文帝黄初时期，清河人宋士宗的母亲在洗澡的时候总是把家人打发出去，一个人在屋里洗很长时间。家人不明白她为什么这样，就在墙上挖了个洞，偷偷往屋中看，结果没有发现人影，只是在澡盆里有一只大鳖。人们赶快打开门，冲进屋里观看，发现老人头上的银钗在鳖头上，这才知道鳖是老人变的。

《续搜神记》中记载着一个更为离奇的故事：从前有个人和他的仆人同时得了腹瘕病。仆人死了后，解剖尸体时从他的肚子里发现了一只白色的鳖。这个人试着用各种药灌这只鳖，结果这只鳖没有任何反应。一天，一个朋友骑着一匹白马来探望他，马尿溅到了鳖的身上。鳖好像非常害怕，赶紧躲避，因为被绑在床腿上，所以只能缩头藏足。这个情景被这个人发现了，他告诉儿子说："我的病可能有救了。"他让儿子用白马尿灌那只鳖，不一会儿，鳖就化成了水。从此，这个人每顿饭都喝一升马尿，没有多长时间病就好了。

　　还有一个《买鳖亡鳖》的故事，在《韩非子·外储说左上》中。郑县有个卜子，他的老婆到集市上去买了一只老鳖带回家。路过颍河的时候，她担心老鳖口渴，就把鳖放进了水中让它喝水。结果，眼看着老鳖游走了。这就是教条主义的主观性、片面性带来的危害。

龟鹤遐龄

相传龟、鹤能活上千年，这里比喻长寿。

【出处】

出自葛洪《抱朴子》："知龟鹤之遐寿^①，故效^②其道引以增年。"

① 遐寿：长寿。

② 效：仿效，学习。

【小档案】

乌龟，爬行纲，龟鳖目，淡水龟科。背甲一般长 10～12 厘米，有三条纵棱。头、颈侧面有黄色线状斑纹。雄体背部黑色，雌体为棕色；腹部略带黄色，且有暗褐色斑纹。四肢有爪，指、趾间有蹼。以植物、小鱼、虾等为食。雌龟每年产卵 2～4 次，每次 5～7 枚。孵出幼龟的性别由温度来控制。

【成语飞花】

龟冷支床：比喻壮志没有实现，蛰居待时。出自司马迁《史记·龟策列传》。

麟凤龟龙：比喻品德高尚、受人敬仰的人或稀有珍贵的事物。出自《礼记·礼运》。

龟毛兔角：比喻不可能存在或有名无实的东西。出自干宝《搜神记》。

乌龟又称金龟、草龟等，属淡水龟科动物，杂食性，寿命较长，分布较广泛。腹甲称"龟板"，有补益功效。乌龟受人喜爱，常作为观赏动物饲养。

龟甲在古代是一种重要的信息载体。古人信天命，无论干什么事情都要先占卜吉凶，通常是把龟甲在火上烧烤，通过龟甲的裂纹来推测占卜的结果。这种行为本身是不科学的，并不能每次都让占卜的人满意，于是就出现了"诟龟呼天"这个成语，原意是指若占卜不吉利，就对占卜器具和天呼叫辱骂，后来引申为对不幸命运的呼号。退一步来说，即便这种方法比较灵验，如果多次使用也会有失效的时候，人们又用"龟厌不告"比喻原本很有效的东西，过度使用也会失灵。

龟在人们的心目中是一种美好的东西，它们在陆地上缓慢的动作往往被人们赋予坚韧和坚持不懈的精神，《龟兔赛跑》的故事中人们把龟描写成最终的胜利者。这不仅透露出了龟在人们心目中的地位，而且为后人留下了坚持就是胜利的启迪。龟为人们留下的美好形象还反映在一些成语中，麒麟、凤凰、龙是我们众所周知的吉祥物，人们把龟和它们并列成"麟凤龟龙"，谓之四灵，象征吉兆。

古人往往根据龟的大小来为它们命名，而鳌则是他们心目中最大的龟。鳌究竟有多大呢？古人形象地告诉我们，它们能够驮得动大山，这就是"巨鳌戴山"的成语，后来比喻感恩深重。《列子》中说，神仙居住的5座神山因为没有和海底相连，一旦遇到风暴和涨潮落潮就会来回漂移，神仙们很苦恼，就恳请天帝帮忙解决这个问题。天帝就派15只大鳌昂着头，顶着5座神山，以保持它们的平稳。当时有个龙伯国，这个国家面积广阔，遍布巨人，为了对抗天庭，巨人们抬腿几步就来到了5座神山前，把顶着神山的15只巨鳌一下子钓走了6只，结果导致其中的两座神山漂流到北极沉没了。天帝对龙伯国巨人的这一行为非常恼怒，于是下令缩小他们的国土面积，而且让他们变得矮小作为惩罚。

李白是唐代伟大的浪漫主义诗人，他有着豪放的胸襟和远大的抱负，自称"钓鳌客"。一次，他去拜访宰相李林甫，拜帖上写着"海上钓鳌客李白"。李林甫感觉李白太狂妄，就问："你既然到大海上钓巨鳌，那么以什么为钩、什么为线呢？"李白回答说："我用天上的明月为钩，以虹霓为线。"宰相又问："那你又用什么东西作为饵呢？"李白说："用全天下不义的小人作为钓饵。"李林甫听后，极为惊叹。

还有让人更惊叹的事儿，乌龟能把主人给送走。我们前面列举了一个成语"龟冷支床"，又叫"龟支床足"，出自《史记·龟策列传》。相传在很久以前，南方有个老人的床总是晃动，于是就用个活龟放在床腿下，床不再晃动了。就这样过了20多年，老人寿终正寝。家人在移动老人的床时，发现了床腿下面的乌龟，让大家没想到的是，这个乌龟竟然还活着。真是太神奇了。

打草惊蛇

原意是指虽然打的是草却惊动了躲藏在草里的蛇，后来比喻做事情不严密，使对手有所警戒，预先做好了准备。

【出处】

出自郑文宝《南唐近事》："鲁^①乃判^②曰：'汝^③虽打草，吾^④已惊蛇。'"

① 鲁：王鲁，南唐时人，任当涂县令，为人贪婪。

② 判：判词，对案件的审判意见。

③ 汝：你，第二人称代词。

④ 吾：我，第一人称代词。

【小档案】

蛇，爬行纲，蛇目。头呈三角形或椭圆形，结构特殊，嘴巴可以吞下比自己脑袋大得多的小动物，口腔腺发达；体形细长，无四肢，无胸骨；无耳孔、鼓膜、鼓室及耳咽管。舌细长，分两叉，可以伸缩；消化功能强，嗅觉灵敏，对外界温度有敏锐的感受能力；冬季冬眠；颈部不明显，躯干与尾之间以一个呈横裂的泄殖肛孔分界；靠发达的肌肉牵引腹部的鳞片向前爬行。

【成语飞花】

一龙一蛇：比喻时隐时现，变化莫测。出自管仲《管子·枢言》。

　　人心不足蛇吞象：比喻人贪心，就会为自己的欲望所害。出自《山海经·海内南经》。

　　佛口蛇心：比喻嘴甜心毒。出自释普济《五灯会元》。

　　蛇属于爬行纲，身体细长，运动方式特殊。蛇类的口腔腺比较发达，能够湿润并帮助吞咽食物；蛇的消化能力很强，当它们吞吃了大型食物后，可以很多天不吃东西。许多蛇都是有毒的，如蝮蛇、竹叶青蛇、金环蛇、银环蛇、眼镜蛇等，但鸩鸟、伯劳、蛇鹫却是毒蛇的天敌。蟒蛇非常大，甚至可以达10多米长，食量也很大，一次可以吃掉30千克左右的食物，但是这种蛇没有毒。另外，蟒胆还是药材，具有清热去火的功效；蟒油可以治疗冻疮、烧伤及皮肤开裂等外伤。

　　我们经常可以在电视电影中看到人们遭到毒蛇的攻击而生命危在旦夕的情景，大家喜闻乐看的《射雕英雄传》中西毒欧阳锋就把毒蛇作为自己的武器。甚至一些导演还专门拍摄关于蛇的电影，如欧美电影《大蛇对大蟒》《杀死响尾蛇》《蛇岛》《蛇灾》《眼镜蛇》《狂蟒之灾》等，这些电影都充满了恐怖感。中国也有与蛇相关的影片，比如《青蛇》《白蛇》等，不过影片里的白蛇、青蛇都充满了人性，其中白蛇还幻化成一位美丽的女子，和许仙演绎了一段催人泪下的爱情故事。

　　无论怎么说，蛇在人们的心目中终究是丑陋和令人生怖的，我们习惯上把外表美丽但内心狠毒的女子称作"美女蛇"，西方人甚至把它作为魔鬼的化身。当它出现在成语中的时候，多数情况下反映着人们的厌恶心理。比如"枭蛇鬼怪"比喻丑恶的人；"春蚓秋蛇"比喻书法拙劣，弯曲无状；"牛鬼蛇神"比喻歪门邪道之人；"拨草寻蛇"比喻招惹恶人、自找麻烦；"毒蛇猛兽"泛指对人类生命有威胁的动物，比喻贪暴的人；"蛇头蝎尾"泛指害人的东西；"龙屈蛇伸"比喻君子受屈而小人得志；"龙蛇混杂"比喻好人坏人混杂在一起；"强龙不压地头蛇"比喻虽然强大，但也压不住当地的势力；"杯弓蛇影"形容疑神疑鬼，徒自惊扰；"虎头蛇尾"比喻做事情前紧后松，有始无终；"封豕长蛇"比喻贪婪残暴的人或侵略者。另外如"成语飞花"中所列的"人心不足蛇吞象""佛口蛇心"等。俗语"一朝被蛇咬，十年怕井绳"比喻在某件事情上吃过苦头，以后一碰到类似的事情就害怕。和蛇有关的成语还有"打蛇打七寸"比喻做事情把握住关键，才容易成功；"握蛇骑虎"比喻身处险境；"斗折蛇行"形容道路、河流等曲折蜿蜒；"蛇行鳞潜"比喻行动非常谨慎隐蔽；"笔走龙蛇"比喻文笔纵放，挥洒自如；"草蛇灰线"比喻事物留下的隐约可寻的线索和迹象。

　　《画蛇添足》的故事大家应该非常熟悉，这个故事出自《战国策》。楚国有个贵族在祭祀活动结束的时候，赏给手下门客一壶酒。但是酒少人多，不好分配，而且分着喝也不过瘾，于是一个人建议大家比赛画画，如果谁能够以最快的速度在地上画好一条蛇，酒就归他。大家觉得这方法不错，一致表示同意，争先恐后地在地上画起蛇来。其中一个人很快就画好了，于是他得意扬扬地把酒壶端在了手里。但是他高兴得过了头，既然别人都没有画好，就想别出心裁，好好表现表现，于是他又拿起笔来给蛇画起了脚。不一会儿，另一个人把蛇画好了，一下子把酒壶夺了过来，说："蛇本来是没有脚的，你怎么为它画脚呢？"说完，就美美地喝起酒来，为蛇画脚的那个人呆呆地站在那里，眼巴巴地咽起了口水。我们今天用这个成语比喻办事情多此一举或弄巧成拙。

　　再来说一个《蛇黄牛黄》的故事。毒蛇咬死了人，在阴间被判处死刑，毒蛇喊冤，说自己还有功，可以将功折罪。阎王就问蛇的功劳，蛇说他身上有蛇黄，已经治好了不少人的病。阎王一调查，发现是真的，于是免了蛇的死罪。过了几天，一头牛因为用犄角顶死了一个人，要被阴间阎王判处死刑，牛也喊冤，要将功抵罪，原因是自己体内的牛黄也救了很多人的命，于是阎王也赦免了牛的死罪。这时一个杀人犯被推到了阎王的跟前，阎王自然要严肃处理他了，死刑！这个杀人犯哆嗦着说自己身上也有黄。阎王觉得奇怪，蛇和牛有黄大家都知道，你是个人，你有什么黄？杀人犯说："我有羞愧凄惶。"

在《韩非子·说林上》中有一个《涸泽之蛇》的故事：池塘干枯了，蛇要搬家。一条小蛇对一条大蛇说："你在前面爬，我在后面跟着，人们一定会认为只不过是一般的蛇罢了，而且还会把我们杀掉。不如我们互相衔着，你把我背着走，人们见了就会认为咱们不是一般的蛇。"于是，它们便用嘴相衔，大蛇背着小蛇向前爬行，人们看见后纷纷躲开，并且说："这是神君！"这就是说，老实人受欺负，但奸诈的人总能想到办法，得到更多的好处。

还有一个《渊材禁蛇》的故事。一次，彭渊材跟着郭太尉在园中游玩，吹牛说："我们家有一种祖传的禁蛇的妙法，特别灵，只要一念咒语，蛇就乖乖任人摆布。"正说着呢，一条蛇出现在面前，太尉赶紧说："渊材，看你的了。"说话之间，蛇已经昂着头向两个人爬了过来。渊材也着急了，掉头就跑，汗流浃背，气喘吁吁地说："太尉，这是您的宅神，不是普通的蛇，所以我们家祖传的妙法失灵了！"

井底之蛙

原指生活在井底的青蛙，它们只能够看到和井口一样大的天空，比喻见识短浅的人。

【出处】

出自庄周《庄子·秋水》："井蛙①不可以语②于海者，拘③于虚④也。"

① 井蛙：生活在井里的青蛙。

② 语：告诉。

③ 拘：局限。

④ 虚：虚域，空间。

【小档案】

蛙，两栖纲，无尾目，蛙科。皮肤裸露，具有帮助呼吸的功能。腺体丰富。主要生活在近水的地方，在水中繁殖后代。在陆地上时主要靠跳跃前进。雄蛙喉咙内有声囊，能发出悦耳的鸣叫声。后肢长于前肢，常折叠，游泳或跳跃时，强健有力。

【成语飞花】

晋惠闻蛙：比喻愚昧寡闻，见识浅陋。出自房玄龄《晋书·惠帝纪》。

沉灶产蛙：形容水患严重。出自《国语·晋语九》。

蛙鸣鸱叫：比喻浅陋拙劣的文辞。出自韩愈《平淮西碑》。

　　我国的蛙类有许多种，虽然蛙可以适应陆地生活，但并没有完全摆脱水的束缚，比如它们必须在水中繁衍后代。雄蛙靠悦耳的鸣叫声寻找配偶，当然，蛙鸣并非全部为了求偶，有时是对天气变化的一种反应，据说青蛙在雨天鸣叫意味着将要雨过天晴。青蛙本是庄稼害虫的天敌，但随着人们对农药的过度利用，导致生态环境发生了很大的变化，蛙在自然界的数量不断减少。

　　有时，蛙类的鸣叫声让人感到心烦意乱，比如唐朝诗人韩愈在他的《答柳柳州食虾蟆》中说："鸣声相呼和，无理只取闹。"有些成语中含有对蛙鸣不满的意义，如"蛙鸣狗吠"原指青蛙与狗的叫声，后用来比喻拙劣的诗文；"蛙鸣蝉噪"比喻众口喧闹。另外和蛙相关的成语如"蛙蟆胜负"，比喻不足介意的荣辱得失；"管窥蛙见"比喻见识短浅，眼界狭窄；"蛙洞鸟窝"比喻贫民的居处等。

　　庄子经常用浅显的寓言形式说明道理，《井底之蛙》便是其中之一。在一眼井中生活着一群青蛙，它们觉得自己过得很愉快。一天，东海的大鳖来到井的旁边，青蛙问："我们在这里生活得非常愉快，出去的时候可以跳到井栏上，回来又可以在井壁的砖缝里休息。跳进水里，水淹到我的腋下；跳进泥里，泥也只能盖住我的脚背。我可以任意捕捉水中的小虫子来吃，没有谁会比我更快乐啦。你能够像我一样自由自在地快乐生活吗？如果不介意的话，你可以到我这快乐的天堂里感受一下！"东海的鳖心有所动，但是它的左脚还没有进入井中，右腿已经被绊住了。于是鳖告诉井中的青蛙说："即便用千里那么远的距离，也没有办法衡量海的宽度；即便用千仞的高度，也没有办法测量海的深度。大禹治水时期，十年之中有九年都是洪水泛滥，洪水流入了大海，但是海水没有增高；商汤时期八年中有七年都是大旱，但海面也没有缩小。大海不仅不因为时间的长短而有所改变，而且不会因为雨水的多少而有所增减。这就是我所生活的地方。"井底之蛙听后，满脸惊异。事实上，从科学的角度出发，井蛙是没有必要羡慕东海之鳖的，因为它们的皮肤具有渗透性，而海水中矿物质丰富，盐度比较高，是不适合它们生存的。

　　成语"沉灶产蛙"出自《国语·晋语九》，形象地表现了赵国的晋阳在晋、韩、魏三国军队的围攻下的艰苦处境。三国在围攻晋阳一年后，仍然没有使赵国屈服，于是他们采用水淹的方法。大水灌进了晋阳城，军民苦不堪言，就连灶坑里都生出了蛤蟆。但是，赵国的尹铎在以前治理晋阳的时候，曾经减少了人们的税赋，用宽以待民的政策赢得了晋阳的民心。所以，在如此艰苦的环境下，晋阳的老百姓并没有背叛赵国，而是把锅吊起来做饭，同仇敌忾，坚守城池。最后，韩、魏两国，反过来与赵国联合，用水淹了晋军，解了晋阳之围。

　　我们知道，晋惠帝司马衷从小就非常愚笨，做了皇帝之后更是昏庸愚昧，只知道吃喝玩乐。一天，他在华林园玩赏，忽然听到了蛤蟆的叫声，就回头问身边的人说："这鸣叫的东西，是为公呢，还是为私呢？"随行的人一听皇帝的问话不着边际，但又不能怠慢，只好回答说："在公地的是公蛤蟆，在私地的是私蛤蟆。"这真是一个白痴皇帝呀。于是后人就用"晋惠闻蛙"来比喻愚昧寡闻，见识浅陋。

虾兵蟹将

神怪小说里龙王手下的兵将，后来泛指敌人的兵将或部下，多含有轻蔑之意。

【出处】

出自冯梦龙《警世通言·旌阳宫铁树镇妖》："我当时就令了鼋帅[①]，统领[②]虾兵蟹将，要问[③]他追了金丹宝鉴[④]。"

① 鼋帅：神怪小说里的鳖元帅。

② 统领：率领。

③ 问：向。

④ 宝鉴：镇妖宝镜。

【小档案】

蟹，甲壳纲，十足目，有陆居蟹科、蝤蛑科、方蟹科等多科。喜欢栖息在沙洞和泥泞的沙堆里面，淡水蟹多栖息在山区溪流的石块下或潮湿的泥洞中。背壳坚硬，螯足粗壮，腿脚尖锐，在陆地上横着爬行。最大的是堪察加蟹，最小的是豆蟹，最能攀爬的是椰子蟹，最健跑的是沙蟹，最善游的是梭子蟹。

【成语飞花】

无洞掘蟹：比喻无事生非，故意找茬。出自凌濛初《二刻拍案惊奇》。

蝉緌蟹匡：比喻事物之间互相矛盾。出自《礼记·檀弓下》。

蚕绩蟹匡：比喻名不副实。出自《礼记·檀弓下》。

蟹是水陆两栖的甲壳动物，晋朝人葛洪在《抱朴子》中又把它叫作"无肠公子"，后人还根据它爬行的样子为它取了一个威风的名字，叫"横行将军"。螃蟹看起来怪模怪样，唐朝诗人李贞白曾经用"蝉眼龟形脚似蛛"来形容螃蟹容貌的丑陋。钱仓水先生更是把它称为"令人开心的丑角"，钱先生在一篇文章中这样写道："螃蟹的模样是人所共见的。它长没长相：没头没尾，蟹体似方若圆，两只眼睛长在额头上，突柄怒目。它走无走相：两端伸出四对步足，离经叛道，偏不直趋，却要横行。它静没静态、动无动样：静着的时候，脚仍要郭索郭索，嘴里吐着泡泡；动着的时候，四对脚踮起来，悬空着身子，两只如钳似剪的大螯摆动着，露出一副争斗的态势……这模样，概而言之：丑。"

据说，螃蟹之所以能够从远古时期一直繁衍横行到今天，主要是得益于它那独特的躯体结构。它们给人的第一印象是那坚硬的甲壳，螃蟹在成长的过程中要脱去数次甲壳，而且会把脱去的旧壳吃掉。螃蟹给人的第二印象是身体两侧的八只脚，李贞白说"脚似蛛"是非常形象的。螃蟹的每只脚都由七个小关节组成，但这八只脚并不是一样长，这就注定它们只能向左右稍偏的方向横行了。还有一种说法，螃蟹的"横行霸道"并不是与生俱来的，最初的时候它们的触角上都有用于定向的小磁粒，能够灵活自如地前进和后退；后来地球的磁场发生多次倒转，使它们触角上的磁粒失去了原有的作用，才造成了它们今天横行的样子。在螃蟹的头部有一对铁钳似的螯足，这对螯足不仅是捕食工具，更是抵御外来侵犯的武器。我们常戏称螃蟹为"无肠公子"，其实那是一种误解，当展开螃蟹的腹部，你会发现内壁的中线上有一条隆起的东西，那就是螃蟹的肠子。

有个成语叫"把酒持螯"，这里的螯便是指螃蟹。无须作过多的解释，单就"把"和"持"两个字就已经生动形象地反映出了开怀畅饮的尽兴场面，简直有点儿水浒豪杰的味道！不错，螃蟹的样子着实让人厌恶，据说有的地方还拿干蟹辟邪。但餐桌上的螃蟹却是令人垂涎三尺的美味，古人曾经有"蟹肥暂擘馋涎堕"，足见人们对于蟹肉的喜爱程度。中国人吃蟹的历史可以远溯到周代，因为当时已经有了用螃蟹做成的酱。周桂峰先生在《鱼》中这样介绍餐桌上的螃蟹："它橘红橘红的，散发着玛瑙般的光泽，喷射着独特的异香……打开它的背壳，又见锦绣填胸，简直是一只百宝箱，金色的是黄，水晶状的是膏，白玉般的是肉，乌黑的是膜，给你惊喜和激动，给你一种压抑不住要享用的欲望。"曹雪芹曾经这样形容螃蟹的色香味："螯封嫩玉双双满，壳凸红脂块块香。"现代作家梁实秋也对螃蟹情有独钟，他在《蟹》一文中开篇便写："蟹是美味，人人喜爱，无间南北，不分雅俗。"

任何一种食物到了中国人嘴里都能吃出一种文化境界，当然螃蟹也不例外。唐朝诗人李颀在《赠张旭》中说"左手持蟹螯，右手执丹经"，把张旭那种狂放的生活方式活脱脱地表现了出来。明朝诗人钱宰在《宋徽宗画蟹》中说"何妨夜压黄花酒，笑擘霜螯紫蟹肥"，把看画而引起的浓浓乡情通过渴望饮酒品蟹的欲望一览无余地反映了出来。曹雪芹在《螃蟹咏》中说"持螯更喜桂阴凉，泼醋擂姜兴欲狂"，用"泼"和"擂"两个动词表现了贾宝玉吃螃蟹时的豪情狂兴；又说"原为世人美口腹，坡仙曾笑一生忙"，把生性豪放的苏轼拉了进来，再次写出了贾宝玉吃螃蟹时豪爽狂放的勃勃兴致。其他如"不到庐山辜负目，不食螃蟹辜负腹""不是阳澄湖蟹好，人生何必住苏州"等，无不反映了人们对于螃蟹的喜爱。

苏轼是个美食家，名气又大，所以有人假托苏轼写了篇《艾子杂说》，其中有这样一个故事：艾子来到沿海的一个地方，看见一个东西，又扁而圆，而且有很多腿。他没见过，不认识，就问当地人。当地人告诉他，那是一种螃蟹。后来艾子又看到了别的好几种螃蟹，样子都差不多，就是一种比一种小。艾子叹了口气说："怎么一蟹不如一蟹呢！"后来用"一蟹不如一蟹"比喻一个比一个差。

缘木求鱼

爬到树上去捕鱼，比喻方法和方向不对，即使费很大力气，也不可能达到预期的目的。

【出处】

出自孟轲《孟子·梁惠王上》："以①若所为，求若所欲②，犹③缘木而求鱼也。"

①以：用，通过。

②所欲：所要得到的。

③犹：犹如，就好像。

【小档案】

鱼是常见的用鳃呼吸的水生脊椎动物的统称，分软骨鱼纲、硬骨鱼纲等多纲，包括鲤科、鲟科、鲳科等多科。全世界的鱼类有31000多种。鱼的皮肤具有丰富的黏液腺，可以分泌大量的黏液，增强身体的润滑程度，从而减小水的阻力。鱼因种类不同而表现出不同的体形、体重及用途。

【成语飞花】

及宾有鱼：用别人的鱼请客，比喻借机培植私人势力。出自《周易·姤》。

人为刀俎，我为鱼肉：比喻别人掌握生杀大权，自己处于被宰割的地位。出自司马迁《史记·项羽本纪》。

化及豚鱼：比喻教化普及而深入。出自《易·中孚》。

　　鱼是人们常见的水生脊椎动物。每到产卵的时期，鱼就会成群结队地游向一个特定的地方，这被称为洄游，古人把这当作捕鱼的最佳时机。鱼类产品含有丰富的蛋白质、矿物质及维生素，自古以来就是人们喜爱的食物，"鱼头酒"还成为一种饶有趣味的酒。战国时，吴国的范蠡曾经根据人们的养鱼经验写出了世界上最早的《养鱼经》。目前，养鱼已经成为很多人发家致富的重要方法。

　　鱼和水的关系是不言而喻的，当鱼长时间离开水的时候，尽管相濡以沫，也很难摆脱死亡的命运。我们常用鱼和水的关系来形容某种融洽的感情，如说军民之情的和谐是"军民鱼水情"；"如鱼得水"比喻得到跟自己很投合的人或自己适合的环境。另外体现出鱼水关系的成语还有"城门失火，殃及池鱼"比喻无端受牵连而遭遇祸害；"水至清则无鱼"比喻对人对事过于苛察，就不能容众；"水到鱼行"比喻条件具备，事情就可办成；"浑水摸鱼"比喻趁混乱时机捞取不正当的利益；"涸鱼得水"比喻绝处逢生，有所凭借。

　　和鱼相关的成语还有很多，比如"任凭风浪起，稳坐钓鱼船"比喻无论遇到什么险恶的情况都信心十足，毫不动摇；"丛雀渊鱼"比喻不行善政，等于把老百姓赶到敌人方面去；"土崩鱼烂"比喻国家内部发生动乱；"射鱼指天"比喻虽然劳动但一定没有收获；"姜太公钓鱼，愿者上钩"比喻心甘情愿地上当；"吞舟之鱼"比喻有才能的人；"幕燕鼎鱼"比喻处境非常危险，即将覆灭；"得鱼忘筌"比喻已经达到目的，就忘记了原来依靠的东西；"多鱼之漏"指泄露军事机密；"宵鱼垂化"用来颂扬地方官善于教化；"枯鱼病鹤"比喻处境穷困的人；"弃其余鱼"比喻节欲知足；"放长线钓大鱼"比喻做出周密的布置，引出深藏的、主要的敌人；"放鱼入海"比喻放走敌人，留下祸根；"池鱼之忧"指担心无端受累遭灾；"池鱼幕燕"比喻处境危险、非常容易遭殃的人；"肥鱼大肉"指丰盛的菜肴；"瞎子摸鱼"比喻盲目行事，没有明确的目标；"白龙鱼服"比喻贵人微服出行，恐怕有想不到的危险；"临渊羡鱼"比喻空有愿望，而无实际行动；"自相鱼肉"比喻内部自相残杀吞并；"羊续悬鱼"形容居官清廉，拒绝受贿；"雀马鱼龙"泛指珍禽异兽；"鸟散鱼溃"形容军队因受惊扰而乱纷纷地四下溃散；"鸢飞鱼跃"形容万物各得其所；"鱼水和谐"形容夫妇关系和好谐调如鱼水；"鱼目混珠"比喻以假乱真；"鱼死网破"比喻斗争双方同归于尽；"鱼游釜中"比喻处境十分危险，甚至将要灭亡；"鱼龙混杂"比喻好的和坏的混杂在一起；"知鱼之乐"比喻善于体会物情；"鱼贯而入"形容秩序井然，像鱼那样一个接一个地走进去。

中国古代有四大美女，她们分别是西施、赵飞燕、貂蝉、杨玉环。其中西施是战国时期的人，靠养蚕纺织为生，她家乡附近年轻人都希望多看她几眼，过路的行人看到西施也无不赞叹她的美貌。溪水中的鲤鱼本来觉得自己非常美丽，但当它看到在水边浣纱的西施时，就羞愧地沉到了水底；在天空翱翔的大雁远远望见了西施，也识趣地落到了地面上并躲藏起来。于是后人就用"沉鱼落雁"这个词语来形容女子容貌美丽。

从一条鱼还可以看出一个人的品性。从前，一个人送给子产一条活鱼，子产交给管理池沼的小吏，让他把鱼放生。小吏却背着子产把鱼吃了，然后回报说："已经放进池塘里了，刚开始半死不活的样子，慢慢地就变得欢实起来，钻进了深水之中。"子产说："找到合适地方了，找到合适地方了！"那个小吏出来对人说："谁说子产聪明？我早把鱼吃了，他还说找到合适地方了！"子产到底是信小吏的话呢，还是不信小吏的话呢？

吃鱼也是很有文化渊源的，有一个《食鱼无反》的故事。春秋时期，齐景公到纪地区巡视，当地老百姓从地底下挖出一把金壶，献给了齐景公。景公派人打开金壶，发现里面藏着两片金简，上面写着"食鱼无反，勿乘驽马"八个红字。齐景公赞叹说："写得好。这是告诫人们吃鱼的时候不要把另一面也吃光，这样就可以防止鱼腥味太重了；不要骑劣马，是因为劣马走不远。"晏子笑着说："您理解得不对。'食鱼无反'是告诫后来的君主不要把民力用尽，'勿乘驽马'是告诫君王不要重用小人。"齐景公问晏子："照你这么说，纪国的国君是很有远见的，可是他为什么还是被齐国灭了？"晏子说："那肯定是有原因的。真正好的国君会把好的主张写下来挂到城门上，让每一个人都看到。而纪国的国君却是把好的主张写下来埋在地下，老百姓根本就不知道，不知道就难以执行，能不灭亡吗？"这是一个耐人寻味的故事，对于今天的廉政建设有积极的启发意义。

　　下面这个故事也富有启发意义，就是《列子·汤问》中的《詹何钓鱼》。詹何用单股的蚕丝做钓线，用芒刺做钓钩，用细竹做钓竿，用剖开的米粒做钓饵，在百仞深渊中、湍急的河流里可以钓到很多鱼，而且能做到钓丝、钓钩、钓竿没有任何损伤。楚王听说后，觉得简直不可能，于是把他叫来询问秘诀。詹何说："我父亲曾经告诉我，古代善射的人可以用拉力很小的弓、纤细的丝绳，顺着风一射连中两只黄鹂鸟，因为他用心专一，用力均匀。我按照这种做法，模仿着去钓鱼，五年才完全弄懂其中的道理。现在我在河边钓鱼时，心中除了鱼什么也不想，手上用力均匀。鱼看见我丢下去的鱼饵，根本不会觉得是诱饵，所以毫不怀疑地吞了下去。所以我能以弱制强，以轻御重啊。大王您治理国家如果可以这样，那么天下的事就可以得心应手了。"这是在告诉我们，办事情应该顺应自然。

蜗角相争

寓言中处在蜗牛角上的两个小国相争，比喻因为细小原因而发生争斗。

【出处】

出自庄周《庄子·则阳》："有国于蜗之左角者曰触氏，有国于蜗之右角者曰蛮氏。时相与①争地而战，伏尸②数万，逐北③旬有五日④而后反。"

① 相与：互相。

② 伏尸：躺在地上的尸体。

③ 逐北：追逐失败的军队。

④ 旬有五日：十五天。一旬为十日，"有"相当于"又"。

【小档案】

蜗牛，腹足纲，柄眼目，蜗牛科。有单个圆锥形壳，内脏藏于壳内，壳口有阔而平坦的腹足，足前部有一显著头部。触角两对。眼生于后一对触角顶端。腹侧有一宽口，内有齿舌，主要以菜叶和树叶为食物，属害虫类。栖息在潮湿地区，夜间或雨后外出活动或觅食。干燥和寒冷时分泌白色黏液膜封闭壳口，藏在地下或隐蔽的缝隙中。爬行缓慢，生命力顽强。

【 成语飞花 】

蜗名蝇利：比喻微不足道的虚名小利。出自陈汝元《金莲记·昼锦》。

蜗角蚊睫：形容极其狭小的境地。出自庾信《小园赋》。

蜗角虚名：指微不足道的空名。出自苏轼《满庭芳·蜗角虚名》。

　　蜗牛属于软体动物，在阴雨天气的墙角下和树林中最为常见。在蜗牛的背上有一个圆锥螺旋形的壳，蜗牛的头位于腹足的前端，头上长有两对触角。蜗牛紧贴在地面或其他物体上时，腹足的肌肉作波浪式蠕动，使身体慢慢向前移动。同时，蜗牛行进的时候，腹足下面能够分泌黏液，减少摩擦，有利于爬行。我们看到的蜗牛爬过的地方有一条亮亮的线，那就是黏液干后的痕迹。蜗牛对潮湿的天气非常敏感，总在晚上或雨后活动。蜗牛的生命力很顽强，即便长时间不进食，照样可以维持生命，甚至在极其炎热的沙漠中也可以存活。蜗牛主要依靠蔬菜的嫩叶子为生，所以它们是蔬菜的害虫。有一种大蜗牛，肌肉发达，味道鲜美，可以供人们食用，目前已经有人专门饲养这种大蜗牛营利。

　　蜗牛是微不足道的，它们出现在成语中的时候也具有同样的含义。如"蠖屈蜗潜"极言房屋低矮窄小；"蝇头蜗角"比喻微小的名利；"蚁斗蜗争"比喻微末的争斗。

　　春秋时期，魏国因为齐国背弃了原来的盟约，魏王决定派人去刺杀齐王。但是，朝廷中对于这个决定一直争论不休。没有办法，魏王就派惠施去向戴晋人咨询。戴晋人是当时的贤士，当他了解了争执的原因后，并没有马上表态，而是给魏王讲了一个故事。他说："在蜗牛的左角上有个国家叫触氏，右角上有一个国家叫蛮氏。这两个国家为了争夺土地，经常发动战争，结果伤亡惨重，追逐败军往往需要半个月才能返回。"魏王说："唉！这是不可能的。"戴晋人回答说："我可以证明给您看。您可以想一下，天下是没有穷尽的，这个事实您是知道的，而您居住的地方和整个无边无际的宇宙相比，是不是非常渺小呢？"魏王回答说："的确是这么回事儿。"戴晋人接着说："在人们所能达到的九州中有一个魏国，在魏国的国土中有一个大梁城，在大梁城中又居住着一个文王，这样看来，和蜗牛角上的两个国家又有什么区别呢？"魏王说："没有什么区别。"戴晋人顺势引导："既然您觉得蜗牛角上两个国家的争斗没有意义，大王您又为什么为了那些琐碎的事情而去大动干戈呢？"魏王如梦方醒，这才明白了戴晋人的良苦用心，从此以后，再也不为一些小事纠缠不休了。

据说，越王勾践在讨伐吴国的时候，唯恐军心不齐。走到半路的时候，看到路上有一只发怒的蜗牛，在疯狂地鸣叫，勾践跳下马来，把蜗牛捧在手里，一副喜爱的样子。士兵们不理解越王的举动，就问："您为什么把一只发怒的蜗牛捧在手中？"勾践回答说："我一生之中最喜欢勇猛的人，这只蜗牛不但不惧怕我们的大军，反而在道上大叫，可见它是多么勇敢，所以我非常喜欢它，这才把它捧在手里。"士兵们一听，商量说："越王见到一只勇敢的蜗牛还把它捧在手里，我们生来身强力壮，难道还不如蜗牛吗？我们应该努力，只有这样，越王才会更加喜欢我们。"于是士兵们表现得勇猛非常，连连大叫。勾践一看士气大振，非常高兴，重重赏赐了所有的士兵。

《录异记》中说，唐玄宗李隆基在当皇帝之前，一只蜗牛在他卧室的墙壁上爬出了"天子"两个字，李隆基很害怕，就用泥巴涂抹覆盖住了这两个字。但是几天之后，蜗牛又爬出了这两个字，李隆基再次用泥巴涂抹覆盖。就这样，反复几次。后来，李隆基做了皇帝，让人打造了许多金蜗牛和银蜗牛，甚至把蜗牛供养起来。

大家还记得《蜗牛与黄鹂鸟》这首歌吧："阿门阿前一棵葡萄树，阿嫩阿嫩绿地刚发芽，蜗牛背着那重重的壳呀，一步一步地往上爬。阿树阿上两只黄鹂鸟，阿嘻阿嘻哈哈在笑它：'葡萄成熟还早得很哪，现在上来干什么？'阿黄阿黄鹂儿不要笑，等我爬上它就成熟了。'"是不是感觉这只小蜗牛很执着，值得我们学习？可是有一只"中州之蜗"却停留在了想象的世界：中州有一只蜗牛，雄心勃勃，想振奋起来做一番事业，不能老让别人觉得自己软弱无能。它想去东边攀登巍峨的泰山，粗略计算了一下，要走三千多年，唉，算了吧！又想去南方看看长江和汉水，大致计算了一下，也需要三千多年，唉，也不可行！想来想去，自己的有生之年，这些壮举都难以实现，于是只剩下满腔悲愤。最后，这只中州之蜗枯死在了枯干的蒿草上！我们不能学这只蜗牛，定目标应该切合实际，不能一味地好高骛远。

以蚓投鱼

用蚯蚓作为诱饵钓鱼，比喻用较小的代价换得较大的收获。

【出处】

出自魏征等《隋书·薛道衡传》："魏收[1]曰：'傅縡[2]所谓以蚓投鱼耳。'"

[1] 魏收：字伯起，北齐文学家，文才很高，十五岁便擅长写文章，曾任太学博士，和温子升、邢劭并称"北地三才"。

[2] 傅縡：字宜事，南朝时期陈朝文学家，恃才傲物，文章典丽，曾任秘书监、右卫将军、中书通事舍人等官职。

【小档案】

蚯蚓，寡毛纲，单向蚓目，正蚓科。雌雄同体，但需与异体交配受精。陆栖蚯蚓眼睛退化，但有敏锐的感光细胞，喜夜间活动和觅食。无显著头部，身体分节，无疣足，体腔发达，体壁生有刚毛。无听觉，触觉敏锐，以钻土为生。食性杂，以动物粪便、尸体、树叶、菜叶、锯木屑、废纸渣和虫卵为主。

【成语飞花】

春蚓秋蛇：像春天的蚯蚓和秋天的蛇爬行那样弯曲，比喻书法拙劣不堪。出自房玄龄《晋书·王羲之传》。

画蚓涂鸦：形容书法或文字拙劣。出自宋濂《赠会稽韩伯时序》。

蛇灰蚓线：比喻有相应的线索可循。出自况周颐《蕙风词话》。

蚯蚓是常见的软体生物，它们生活在阴暗潮湿的环境里，抗干旱的能力非常差。孟子曾经说它们"上食埃土，下饮黄泉"，这也表现出了它们喜阴的生活习性。在自然界中，蚯蚓的种类有很多，我们常见的蚯蚓是陆生的，还有许多是海生的。蚯蚓的头部和身体之间没有明显的界线，靠身体上的刚毛和身体的蠕动向前爬行。

蚯蚓是自然界中的低等生物，它们还保留着雌雄同体的特性，但这不是说一条蚯蚓就可以完成繁育后代的任务，交配工作仍然需要两条蚯蚓才能完成。如果仔细观察的话，我们会发现陆生蚯蚓的眼睛是找不到的，那是因为它们怕光而经常生活在土壤中，眼睛已经退化的缘故。虽然蚯蚓眼睛已经退化，但是它们有感光细胞，仍然可以感受到光的存在。如果你生长在农村，雨后的早晨，你会发现肥沃的田野里，到处都是拖着或大或小圆滚滚的身躯缓慢爬行的蚯蚓。

无论对于一般农民还是对于专业的菜农来说，蚯蚓都是有益的生物，因为它们不仅翻松了土壤，而且还提供了自然化肥。蚯蚓不像蝼蛄那样糟蹋农民的庄稼，它们仿佛生来就是造土机器，它们用嘴巴把土吞进身体里之后，经过消化道吸收营养，然后又把废物和土壤从肛门里排泄出来，时刻如此，绵绵不断，这些被排泄出来的土壤已经被它们体内分泌的钙素中和过了，趋于中性。蚯蚓还将土壤凿成无数深度为 $40 \sim 200$ 厘米的小洞，不仅使得土壤的面积增加了，而且还增加了空气和水分的储备，加速了土壤团粒结构的形成，有利于土壤中微生物的繁殖和植物的生长。

蚯蚓在成语中出现的机会很少，而且多数情况下带有贬义，比如我们习惯用"蛇蟠蚓结"比喻坏人互相勾结；用"蛙鸣蚓叫"比喻浅陋的识见或议论；用"蝇声蚓窍"比喻没有多大的才能。当然也有褒义的，但数量更少，如"走蚓惊蛇"形容矫健迅捷的笔势。事实上，蚯蚓并不像成语中说的那么不好，我们可以从它们的身上学到许多优秀的品质，比如它们吃的是泥土腐物，喝的是浊水，这代表它们廉洁；它们用自己的身体中和土壤并提供自然化肥给农民，说明它们有服务意识；它们没有强劲的筋骨和锋利的爪牙，但却可以潜行地下，上下穿行，说明它们用心专一。

在中国的典籍里面，蚯蚓经常和天象甚至政治联系在一起。比如《河图说徵》中说，黄帝统一天下后，田野中出现了大蚯蚓，大五六围，长十多丈；《帝王世纪》中也说黄帝时期蚯蚓像天空中的彩虹那样庞大；《抱朴子·军术》中说，如果行军打仗时发现军营中有很多蚯蚓的话，就要当心有人叛变了；《广五行记》中说，隋攻打陈国时，隋军刚一到长江，陈地就出现了怪异的现象，蚯蚓全从地下爬出来，像箭一样竖立在那里。这些故事虽很怪异，但也可以开阔见识。

《广五行记》中还记述了这样一个故事：在隋朝大业年间，河间的一个妇人不善待自己的婆婆，她看婆婆眼瞎，就用蚯蚓烧汤让婆婆吃。婆婆觉得味道很怪，就偷偷地藏了一点儿让儿子看。儿子看后非常恼火，打算把妇人送到衙门。还没有到衙门呢，妇人就被雷给击死了，而且更奇怪的是，妇人身体没有变化，脑袋却变成了狗头。

蚯蚓又叫曲蟮，传说梁武帝的前身就是一条曲蟮。梁武帝崇信佛理，当时有一个榼头师精研佛理，深受梁武帝喜爱。一天，梁武帝派人把榼头师叫来，准备和他研讨佛理，只是因为正在下棋而暂时让他等候。这时，梁武帝吃掉对方一个棋子，并随口说了一句："杀掉。"结果，侍卫以为让把榼头师杀掉呢，就执行了命令。棋下完后，梁武帝召见榼头师，才知道榼头师已经被杀掉了。梁武帝惊叹良久，这才问道："他死的时候说什么了没有？"侍卫说："他说，他的前身是一个和尚，用铁锹掘地时不小心挖断了一条蚯蚓，这条蚯蚓当时就是您，今天他被您杀掉也算是报应了。"

金蝉脱壳

蝉从幼虫变成成虫时要脱去外壳，比喻用计脱身，并使对方不能及时察觉，也是暗中转移主力，摆脱敌人的谋略。

【出处】

出自《三十六计》第二十一计按语："则金蝉脱壳者，非徒走①也，盖②为分身之法也。"

①徒走：一走了之。

②盖：古代汉语中的虚词，用来承接上文说明理由或原因。

【小档案】

蝉，昆虫纲，半翅目，蝉科。全世界约有3200种，主要在夏季出现。头部单眼3个，呈三角形排列。触角呈刚毛状，细而短，前后翅均膜质，雄蝉腹部第一节有发音器。常见的蝉体长约4厘米。幼虫体色苍白，成虫体色黑褐。以吸食树汁为生。鸣蝉可存活1～6周。雌蝉一次产卵达300～400粒，之后死去。

【成语飞花】

噤若寒蝉：像寒秋的知了一样，一声不响，比喻不敢说话。出自范晔《后汉书·杜密传》。

蛙鸣蝉噪：比喻拙劣的议论或文章。出自苏轼《出都来陈所乘船上有题》。

蝉衫麟带：指飘逸华美的服饰。出自温庭筠《舞衣曲》。

蝉是一种生命短暂而善于鸣唱的昆虫，古代叫作蜩，俗名知了。每到夏季，蝉声就会此起彼伏，仿佛在控诉天气的炎热。古人说："蝉无口而鸣。"其实它是靠伸缩发声肌带动响音肌盘和腱使鼓膜震动发声的。蝉的鸣叫随着季节、晴雨、早晚、温度、湿度等因素的变化而变化，有时悠扬和谐，有时温文婉转，有时激切凄凉。但这些鸣叫的蝉都是雄性，雌蝉总是保持沉默。蝉的幼虫和成虫都是靠吸食植物的汁液为生的，对植物造成了危害，所以被列为有害昆虫。蝉从卵到成虫要经历漫长的过程，单在地下生活就需要至少3年的时间，多的甚至达10年以上；它的一生要经过多次蜕皮，才能够登上枝干鸣唱。初生的蝉非常弱，柔软的腿脚，无力的翅膀，苍白的身体，像初生的婴儿，更像大病初愈的老人。经过阳光的照射，它们的颜色很快变成了黑褐色，再过几个小时，就可以振翅高飞作空中飞翔表演了。蝉的翅膀薄得透明，所以我们形容东西薄的时候喜欢用"薄如蝉翼"。

蝉在很早以前就走进了文学作品中，《诗经》中就多次描写到它，比如《豳风·七月》中有"五月鸣蜩"，《大雅·荡》中有"如蜩如螗"，上官仪《入朝洛堤步月》中有"鹊飞山月曙，蝉噪野风秋"，柳永在《雨霖铃》中有"寒蝉凄切"等。晋代作家陆机在《寒蝉赋》中把蝉进行了拟人化，称它为"德虫"，对它的文、清、廉、俭、信五种品德给予了赞赏。后人拿蝉做文章的相当多，如郑振铎曾经写过《蝉和纺织娘》，贾祖璋曾经写过《蝉》，李广田曾经写过《蝉》，郭枫曾经写过《蝉声》，法国有著名的寓言故事《知了借粮》。

初唐诗人虞世南年轻的时候跟着顾野王读书，刻苦勤奋。一年夏天，院子里响起了蝉声，顾野王就让虞世南写一首咏蝉诗。虞世南一挥而就，写道："垂緌饮清露，流响出疏桐。居高声自远，非是藉秋风。"顾野王看了非常高兴，认为虞世南沉静寡欲，将来必定天下闻名。特别是后两句，言外之意是说，品格高洁、知识丰富的人并不需要其他凭借，就能够达到声名远播的效果，充满了自信。骆宾王也有一首描写蝉的诗歌。当时诗人被人诬陷关进了监狱，他听到知了的叫声后想到自己不幸的身世遭遇，于是通过歌咏知了表白了自己的心迹："西陆蝉声唱，南冠客思侵。不堪玄鬓影，来对白头吟。露重飞难进，风多响易沉。无人信高洁，谁为表予心。"蝉在这里成了骆宾王的化身，其中的"露重飞难进，风多响易沉"充满了哀怨悲愤之情。

在成语中，"仗马寒蝉"比喻噤口不言的人；"寒蝉僵鸟"比喻默不作声的人；"蝉喘雷干"形容酷热干旱；"蝉蜕蛇解"比喻解脱而进入更高境界；"蝉联往复"比喻事情不断重演；"蝉翼为重，千钧为轻"比喻是非混淆，善恶不明；"黄雀伺蝉"比喻目光短浅，只想到算计别人，没想到被人算计；"蛛游蜩化"比喻技艺熟练；"蜩螗羹沸"比喻纷扰不宁。

"金蝉脱壳"是三十六计之一，战争中经常被运用，以使自己取得有利的战机。诸葛亮是三国时期蜀国的军师，是中国智慧人物的代表，他一生中运用了无数的计谋。为了恢复中原，他六出祁山攻打魏国，但是愿望还没有实现就病死在军中了。当时的对手是司马懿，这个人也机智善断。为了使军队能够顺利撤回蜀国，诸葛亮在临死的时候告诉姜维用"金蝉脱壳"的方法和司马懿周旋。姜维在撤军的时候，司马懿紧追不放。姜维按照诸葛亮的交代，命兵士假装造成进攻的声势，并把诸葛亮的雕像用车推到了阵前。司马懿中计，率军溃退了几十里，这样蜀军安全退回了汉中。司马懿知道真相后，对诸葛亮的聪明才智佩服不已。

车胤囊萤

晋代车胤家贫没有灯油,夏夜捉萤火虫放入囊中,借其微光读书。形容夜以继日,刻苦学习。

【出处】

出自房玄龄《晋书·车胤传》:"胤①恭勤②不倦,博学多通。家贫不常得油,夏月则练囊③盛数十萤火以照书,以夜继日焉。"

①胤:车胤,字武子,小时候家里贫困,借萤火虫的荧光读书,后来官至吏部尚书。

②恭勤:恭敬勤敏。

③练囊:白色的口袋。

【小档案】

萤火虫,昆虫纲,鞘翅目,萤科。全世界已知2000多种。体长1～2厘米,身体细长而扁平,体壁和鞘翅较柔软,头小,被前胸盖板盖住。触角呈丝状、锯齿状或栉状,腹部可见腹板6～7节,末端有发光器。雌虫的身体比雄虫大,但没有翅膀,不能飞翔。一般在晴天、高温、无风的夜晚活动。

【成语飞花】

聚萤映雪:形容刻苦攻读。出自房玄龄《晋书·车胤传》。

雪天萤席:比喻不分寒暑,刻苦读书。出自罗隐《湖上岁暮感怀有寄友人》。

　　萤火虫也叫夜光虫，经常出现在夏秋时节的傍晚。萤火虫的种类很多，古人在文献中已经用不同的称呼对这种昆虫进行了描述，如熠耀、晖夜、景天、宵烛、夜光等。萤火虫主要生活在多水、湿润而且杂草丛生的地方，所以古人就认为这种昆虫是由腐草变化而成的。萤火虫的一生明显分成四个阶段，第一个阶段是卵，卵孵化成幼虫需要一个月左右；幼虫在水底待一年左右变成蛹，蛹经过 10 天到 15 天后便成了萤火虫。萤火虫无论属于什么样的形态，都是会发光的，只是成虫的发光量大，格外容易受到人们的注意罢了。

　　在农村生活过的人们，如果闭目遐想以前农村的夜晚，一定感受过那些忽明忽暗的点点荧光带来的无穷的诗意。这时，耳边仿佛已经响起了熟悉的儿歌："萤火虫，亮晶晶，飞到西，飞到东，一闪一闪像灯笼。"这"一闪一闪像灯笼"的萤火虫不仅是儿童的玩物，甚至也受到成年人的喜爱，如唐朝诗人杜牧曾经写过"银烛秋光冷画屏，轻罗小扇扑流萤"，为我们塑造了一位手拿轻巧团扇来回追逐着扑打萤火虫的活泼宫女形象；陆游曾经写过"老翁也学痴儿女，扑得流萤露湿衣"，为我们刻画了一位忘记年龄和时间尽情玩乐的老翁形象。骆宾王有《萤火赋》："类君子之有道，入暗室而不欺。"李嘉祐有《咏萤》："夜风吹不灭，秋露洗还明。"前者把萤火虫比喻成了有道的君子，后者生动传神地描摹了其夜间活动的特点。

　　萤火虫为什么能够发光呢？它又是怎样发光的呢？原来萤火虫的腹部末端有一个发光器官，这个器官是由发光层、反光层和透明的表皮组成的，发光层内有成千上万个发光细胞，细胞里含有荧光素和荧光素酶两种发光物质。荧光素在荧光素酶的作用下，与氧气化合产生荧光，向外呼气的时候，体内氧气少，就不发光，所以萤火虫发出的光总是忽明忽暗。关于这些，贾祖璋先生早在他的《萤火虫》中做了详细的说明。萤火虫所发出的光属于冷光，也就是说只有光没有热，所以它们在发光的时候不至于烧着自己。

现代文学家靳以曾经写过一篇优美的散文，叫作《萤》，不仅把这些可爱的小昆虫赞美成"地上的星的身影"，更赞美了它们对于人的关爱："高高低低浮在空中，不但为人照亮了路边的深坑，也为人照出偃卧的毒蛇，使过路人知所趋避。"难道说造物主真的赋予萤火虫这么伟大的使命吗？这都是文学家丰富想象的结果。根据科学的解释，萤火虫所发出的荧光就像孔雀美丽的尾巴一样，主要是用来寻求配偶的。不同的是，不像孔雀中只有雄孔雀具有美丽的尾巴，萤火虫不只是雄性的会发出荧光，雌性萤火虫所发出的荧光更明亮，但雌性萤火虫没有翅膀，只能在地面上活动。在空中飞舞的雄虫边飞边发出信号，雌虫在地面上也以荧光做出回应，一旦彼此确定对象，雄虫就飞到雌虫的身边进行交配。交配完成后，雄虫的生命也就走到了尽头；雌虫完成产卵任务后，紧接着也就结束了自己的生命。

飞蛾赴火

形容不惜牺牲而有所作为，或自寻死路，自取灭亡。

【出处】

出自姚思廉《梁书·到溉传》："研[1]磨墨以腾文[2]，笔飞毫[3]以书信[4]。如飞蛾之赴火，岂焚身之可吝[5]。"

①研：砚，指砚台。

②腾文：写文章。

③毫：原指动物的毛，这里指毛笔的笔尖。

④书信：写信。

⑤吝：吝惜。

【小档案】

蛾，昆虫纲，鳞翅目，灯蛾科。颜色因种类不一，常见的飞蛾样子笨拙，颜色单调，但也有色彩鲜艳、形态迷人的，如凤蛾、缨翅蛾等。绝大部分喜欢吃树叶子、蛀茎、根，危害种子、干果、贮粮、木材，是农、林业的害虫。

【成语飞花】

淡扫蛾眉：指妇女淡雅的化妆。出自张祜《集灵台》。

皓齿蛾眉：比喻美女或美好的人才。出自枚乘《七发》。

蝶首蛾眉：形容女子容貌美丽。出自《诗经·卫风·硕人》。

　　飞蛾是一种具有趋光性的夜间活动昆虫，种类繁多。常见的飞蛾颜色单一，不像蝴蝶那样招人喜爱。当然，这并不意味着蛾类中就没有好看的，如凤蛾和缨翅蛾就色彩艳丽，形态魅人。蛾类不仅是害虫，而且有时会影响人们的健康，比如浑身上下长满毒刺的黄刺蛾，如果碰到人的皮肤，就会让人感觉痛痒难忍。飞蛾最大的两个特点就是夜间活动和趋光性，它们只要一发现亮光，不管是日光灯还是火苗，都会急不可耐地飞过来，围着光源打转，然后扑扑棱棱地撞向电灯或投向火苗。第二天早上你会发现在灯的下面或周围，躺着许多一命呜呼的飞蛾，那种场面有一种让人说不出来的悲壮。

　　关于飞蛾为什么喜欢扑火，还有一个凄美的传说。很久以前，一对飞蛾夫妇生了一只小飞蛾，小飞蛾美丽可爱，成了父母的掌上明珠。在父母的呵护下，小飞蛾渐渐长成了远近闻名楚楚动人的大美人。这家飞蛾的附近住着一条凶恶的毛虫，当它听说了小飞蛾的美貌后，不禁垂涎三尺，想着娶回来做老婆。这天，它来到小飞蛾的家里，恶狠狠地威胁小飞蛾母女说："飞蛾，飞蛾，我浑身的毛非常厉害，谁如果不听我的话就没有好下场！"小飞蛾妈妈听了毛虫的话，有点儿丈二和尚摸不着头脑，就问："你说的话究竟什么意思？"毛虫一看，只能把话挑明，于是再次恶狠狠地说："我要娶你的女儿做老婆！"小飞蛾妈妈这才知道了毛虫的企图，遂义正词严地斥责说："别做白日梦了！你也不看看自己的样子，还想来抢我的宝贝女儿，休想！等会儿我丈夫回来，才不管你浑身的毛有多厉害，先给你拔个精光再说！"毛虫听了小飞蛾妈妈的话，二话没说，扭头就跑了。小飞蛾母女这才松了口气。但事情并没有结束。没过多久，就见那条离去的毛虫拖着一只身体已经僵硬的飞蛾回来了。它把死去的飞蛾猛地摔到地上，假情假意地对目瞪口呆的飞蛾母女说："你丈夫不知怎么死了，幸亏我在路上发现才帮你们拖来了，你们准备怎么谢谢我呀？"小飞蛾妈妈发现确实是自己的丈夫，不禁失声痛哭，并破口大骂毛虫："你个心狠手辣的家伙，你就是杀了我的丈夫，也休想夺走我的女儿！"说完，就要带着小飞蛾飞走，但狡猾的毛虫已经觉察到了小飞蛾妈妈的想法，于是趁其不备用毒刺恶狠狠地刺穿了小飞蛾妈妈的翅膀。就这样，小飞蛾摆脱了危险，但妈妈却被毛虫抓住了。毛虫逼着小飞蛾妈妈把小飞蛾交出来，小飞蛾妈妈宁死也不答应。小飞蛾在天空中飞呀飞呀，一直飞到天黑，它飞到了一家农户，看到了这家房间里跳动的灯火，又回想父母为了自己所遭受的迫害，觉得宁可投火自杀也不能嫁给毛虫。这时，毛虫还希望用小飞蛾妈妈作为胁迫条件，使小飞蛾投入自己的怀抱，但当它知道小飞蛾已经投火自尽时，便恼羞成怒地要娶小飞蛾妈妈做老婆。小飞蛾妈妈被恬不知耻的毛虫气得浑身发抖，用尽全身的力气大喊："姐妹们，有子有孙宁可投火而死，千万不要嫁给丧尽天良的毛虫而生啊！"喊完，也飞进了灯头上跳动的火苗中。从此，飞蛾便具有了扑火的性格。

我们可以欣赏浪漫的故事，但一定不能为了故事的浪漫性而放弃解释的科学性。科学研究发现，飞蛾的复眼构造特殊，它们在光线很弱的情况下能够看到物体，但光线一旦变强，它们便会看不见周围的物体，就像瞎子一样，而且翅膀上的肌肉也不完全受控制，飞行路线由原来的直线变成了弯弯斜斜的曲线，从而身不由己地扑向火光。其实，当我们用"灯蛾扑火"来嘲笑自惹祸害的飞蛾时，不如换个角度去赞美它们追求光明和自我牺牲的个性。

"飞蛾扑火"这个故事还与一个皇帝有关系，他就是梁武帝。当时有一位左民尚书，叫到溉，文章写得不错，梁武帝很器重他。到溉有个孙子叫到荩，从小就聪明伶俐，诗文写得不比他爷爷差，也深得梁武帝赞赏。有一次，梁武帝和到溉开玩笑说："你的文章不是找你孙子代写的吧？"并写了一首《连珠》诗赐给了到溉，诗是这样的："研磨墨以腾文，笔飞毫以书信。如飞蛾之赴火，岂焚身之可吝。必毫年其已及，可假之于少荩。"什么意思呢？砚台磨出墨汁来写文章，毛笔的笔毫用来书写信件，你和它们一样具有飞蛾扑火的精神，但毕竟年龄大了，会出现力不从心的时候，完全可以让孙子替你代笔。言外之意，就是你孙子替你写文章，那也是他心甘情愿的。实际上，到溉是不会干那种事的！

　　与常见飞蛾的容貌不同，当蛾出现在成语中的时候，经常会像故事中的小飞蛾那样美丽，如"皓齿青蛾"形容女子容貌美丽。当然，和蛾有关的成语并不全是如此，比如"以火去蛾"比喻行为和目的自相矛盾，只能得到相反的结果；"蛾附蜂屯"形容纷纭杂乱；"蛾度蛇行"形容山路险陡。

庄周梦蝶

庄子在梦中变成蝴蝶，比喻人生变幻无常。

【出处】

出自庄周《庄子·齐物论》："昔者①庄周②梦为蝴蝶，栩栩然③蝴蝶也，自喻④适志⑤与！不知周也。"

①昔者：曾经，过去。

②庄周：庄子，名周，战国时期著名哲学家，著有《庄子》一书。

③栩栩然：栩栩如生的样子。

④自喻：自己觉得。

⑤适志：快意，满足。

【小档案】

蝴蝶，昆虫纲，鳞翅目，有凤蝶科、粉蝶科等多科。全世界有15000种左右，中国约有1300种。种类繁多，体形大小不一，最大的可达24厘米，最小的不足2厘米；色彩也因种类不同而变化多端，但这些色彩的变化是由鳞片上的棱突折射和反射光线形成的。通常白天活动，停下来时四翅高举，色彩鲜丽。

【成语飞花】

浪蝶狂蜂：比喻寻花问柳的浪荡子弟。出自高明《琵琶记》。

穿花蛱蝶：原指穿戏花丛中的蝴蝶，后来比喻迷恋女色的人。出自杜甫《曲江》。

蝶化庄生：比喻事物的虚幻无常。出自白居易《疑梦》。

蝴蝶是我们在春天经常见到的昆虫。在我国，云南省蝴蝶种类最多，一向有"蝴蝶王国"的说法。宝岛台湾的蝴蝶也是中外闻名。中国的凤蝶是蝴蝶中最美丽的一种，色彩斑斓而且具有金属的光泽，飞翔的速度迅速，丰姿绰约。我们还把金斑喙凤蝶、双尾褐凤蝶、三尾褐凤蝶、中华虎凤蝶、阿波罗绢蝶列为重点保护对象，它们在昆虫中是罕见的种类。

蝴蝶用它们斑斓的色彩和翩翩的舞姿为人间增添了无限的情趣，它们不仅出现在春光灿烂的花丛中，还出现在文人的作品中、画家的画板上、女子的刺绣中以及音乐舞蹈中。成双成对在烂漫的花丛中飞舞的蝴蝶，和美丽的花瓣巧妙地结合在一起，使春天显得更加赏心悦目。蝴蝶的翅膀为什么会那样美丽呢？《罗浮旧志》上说那是仙人的衣服变化而成的，《杜阳杂编》上又说那是金玉变成的，当然这些说法都是人们通过想象编造出来的故事。事实上，蝴蝶的翅膀上覆盖着整齐的鳞片，在这些鳞片上又有无数的色素颗粒，这些颗粒五光十色，在阳光的照射下随着翅膀的扇动，自然就会色彩缤纷了。

蝴蝶是古代女子喜爱的昆虫，她们扑蝴蝶，绣蝴蝶，还以招引蝴蝶为自豪。大家喜闻乐看的电视剧《还珠格格》中的香妃人如其名，肌肤所发出的香味能够招引蝴蝶围着她转，让几乎所有的人都叹为观止。另外据《开元天宝遗事》上说，每年的春天，唐明皇都在宫中设宴招待嫔妃。嫔妃们一个个打扮得花枝招展，头上插着鲜艳的花朵，如果谁的头上落了蝴蝶，她将会受到皇帝格外的宠爱，这是所有嫔妃期待和羡慕的事情。

传说，庄子本来是上界的蝴蝶精，因为偷吃西王母蟠桃园中的花粉而被青鸟啄死，后来投胎为人间的庄子。所以庄子总是和蝴蝶有扯不断的联系，他不仅在梦中变成蝴蝶，甚至醒来之后也分辨不清究竟是蝴蝶变成了自己还是自己变成了蝴蝶。于是，后人就用这个典故比喻人生际遇的变化无常。《警世通言·庄子休鼓盆成大道》中把庄子和蝴蝶的关系演绎得更是离奇：庄子隐居在南华山修道，而且道行很高。一次，他见到一位少妇用扇子扇一座新坟，询问原因。少妇告诉他说，她的丈夫临死前立下遗嘱，坟上的土干了她才能改嫁。庄子施展法术使坟土变干了，少妇为了表示感谢，把扇子送给了庄子。庄子回到家中把扇子的来历如实告诉了妻子，妻子大骂少妇薄情寡义。庄子听了不以为意，就装死考验自己的妻子。守丧期间，庄子的魂魄蝴蝶精变化成一主一仆两个漂亮的青年，诱惑庄子的妻子再嫁。庄妻终于把持不住，和青年有了暧昧关系。一天，青年突然病倒，说只有人脑可以医治，于是庄子的妻子便决定用庄子的脑子为青年治病。庄子从棺材里突然跳了出来，斥责妻子言不由衷，妻子感到非常惭愧，就上吊自杀了。元曲大家关汉卿曾经写过《包待制三勘蝴蝶梦》，说的是王婆婆的三个儿子为了替父亲报仇，打死了皇亲葛彪。杀人偿命，王婆婆宁愿牺牲自己的亲生儿子也要保全丈夫前妻的两个儿子。后来，包拯多次梦到了和蝴蝶有关的奇怪现象，他觉得其中一定有问题，经过多番调查，终于真相大白，让偷马贼做了替死鬼。

　　关于蝴蝶的成语有"蝶怨蛩凄"，比喻哀怨凄清的思家之情；"蝶意莺情"，比喻爱怜春色的情意；"游蜂浪蝶"比喻轻佻好色的浪子；"招蜂引蝶"比喻吸引别人的注意；"蜂狂蝶乱"形容男女间行为放荡；"蜂迷蝶猜"比喻男子对女子的思慕；"蜂媒蝶使"比喻为男女双方居间撮合或传递书信的人；"蝶恋蜂狂"形容留恋繁花似锦的春天；"鹏游蝶梦"比喻变幻夸诞的言论。

蚕绩蟹匡

比喻事物间互相矛盾，名不副实。

【出处】

出自《礼记·檀弓下》："成人①有其兄死而不为衰②者，闻子皋将为成宰③，遂为衰。成人曰：'蚕则绩④而蟹有匡⑤，范⑥则冠而蝉有绥⑦。兄则死而子皋为之衰。'"

① 成人：成邑的人，"成"是当时的城邑的名称。

② 衰：穿孝服。

③ 宰：古代官名，一县之长。

④ 绩：蚕吐丝。

⑤ 匡：就是"筐"的意思。

⑥ 范：蜜蜂。

⑦ 绥：古代帽带下垂的部分。

【小档案】

蚕，昆虫纲，鳞翅目，蚕蛾科。条形状，一生分为四个阶段，即卵、幼虫、蛹、成虫，从卵到成虫需25天左右，变成成虫后全身发亮，呈半透明状。主要以桑叶为食，以吐丝为生。吐丝时头不停地摆动，丝圈呈"8"字形，每个丝圈近1厘米，每织20多个丝圈就要移动一次，一个茧子共需移动250～500次位置，丝长可达数十米。

【成语飞花】

蚕食鲸吞：比喻用各种方式侵占并吞别国领土。出自韩非子《韩非子·存韩》。

作茧自缚：比喻做事情自陷困境。出自白居易《江州赴忠州至江陵已来舟中示舍弟五十韵》。

谷父蚕母：指传说中的农桑之神。出自曾慥《类说续仙传》。

当我们说到蚕的时候，往往指的是家蚕，又叫桑蚕，是鳞翅目昆虫。人们习惯上把蚕叫作"蚕宝宝"，可见它们在人们心目中备受呵护的程度。蚕的原产地在中国，中国养蚕的历史已经有四五千年了。据古籍记载，嫘祖是中国养蚕的始祖，她是黄帝的妃子。《诗经》中有妇女采桑的描写；汉乐府诗歌中也有发生在桑林里的故事，比如《陌上桑》便是如此。这些采桑的女主人公大约就是为了养蚕吧！后来，蚕丝和养蚕技术从中国传到了国外，历史上著名的"丝绸之路"便承载着中外文化和经济交流的使命。

蚕的一生非常短暂，只有45天左右。在这几十天里，它们先是从卵变成幼虫，在幼虫期贪婪地吃着桑叶，所以在唐诗中有"蚕眠桑叶稀"的句子。经过几次蜕皮，它们变得全身发亮，这时它们已经是成熟的个体了。于是它们爬上用稻草扎成的草山，开始"作茧自缚"，营造自己的安乐窝，唐朝大诗人李商隐在他的《无题》诗里说"春蚕到死丝方尽"，对蚕的奉献和执着精神给予了极高的礼赞。经过大约3天，蚕结束了作为蚕的生命，变成了蛹；再经过15天左右，蛹破茧而出，这就是我们常说的蚕蛾。蚕蛾没有善于飞翔的翅膀，但它们可以通过震动翅膀和颤动触角来寻求配偶，交配生殖后，它们便最终走完了短暂而辉煌的一生。

鲁迅先生曾经说过，牛吃的是草，挤出的是奶。我们不妨借用来形容蚕，蚕吃的是桑叶，吐出来的是丝。蚕为什么喜欢吃桑叶呢？它们还喜欢吃别的树叶吗？其实，蚕在最初的时候并非如此偏食，只是人们在生活实践中发现，桑叶不仅容易找到，而且营养多，这有利于蚕的生长和蚕丝质量的提高，于是人们刻意用桑叶喂养它们，久而久之，蚕便养成了习惯，并把这个习惯遗传给了后代，这样它们就成了偏食昆虫。

　　和蚕有关的成语除了"蚕食鲸吞""作茧自缚""谷父蚕母""蚕绩蟹匡"之外，还有"茧丝牛毛"比喻细密繁多，"蚕丛鸟道"指险绝的山路，"蝉联蚕绪"比喻连续相承。

　　曹石先生曾经用炽热的感情和抒情的笔调，为我们写出了一篇优美的《春蚕赋》，把蚕的点点滴滴进行了全方位的说明，使我们不仅了解了它的"简历"与"特长"，更深刻地认识了蚕生命不止、奋斗不息的优秀品格。对于蚕丝是如何形成的，曹石先生也为我们做了详细的回答："蚕的食粮——桑叶当中，含有水、蛋白质、糖类、脂肪等成分。蚕吃进桑叶以后，经过消化分解，吸收桑叶中的蛋白质和糖类，造成绢丝蛋白质，绢丝蛋白质再形成绢丝液，绢丝液经过蚕的吐丝和凝固作用，就形成了蚕丝。"

　　东晋人干宝的《搜神记》中有一篇关于"蚕女"的故事。古时候，有一个女子养了一匹马，女子非常思念远在边关的父亲，就和马开玩笑说："如果你能够把我父亲接回来，我就嫁给你。"没想到，马真的把父亲驮了回来！但女子没有兑现自己的诺言，于是马表现出了许多异常。父亲知道了事情的真相后，就把马杀死了。一天，女子用脚踩着马皮说："你这个畜生，竟然想娶我做老婆，结果招来杀身之祸，这是何苦呢？"话音刚落，马皮裹上女子不见了。后来，人们在树林里发现了裹着女子的马皮，只是女子和马皮都已经变成蚕了。这个故事虽然荒诞，却反映了中国养蚕事业悠久的事实。

聚蚊成雷

比喻众口诋毁，会使人受到很大的损害。

【出处】

出自班固《汉书·中山靖王传》："众煦①漂山②，聚蚊成雷，朋党③执虎④，十夫⑤桡椎⑥。"

①众煦："煦"指气，这里是说强大的气流或强风。

②漂山：使山漂浮起来。

③朋党：指为争权夺利、排斥异己而结合起来的集团。

④执虎："执"指执掌政权，"虎"形容政策严酷。"执虎"相当于虎狼当政。

⑤夫：这里指强壮的男子。

⑥桡椎："桡"是使某种东西弯曲；"椎"通"槌"，敲鼓的器具。这里是说使坚硬的鼓槌折断。

【小档案】

蚊，昆虫纲，双翅目，蚊科。全世界有3000多种，中国有300多种，常见的有按蚊、伊蚊和库蚊。嗅觉灵敏，喜欢酸味。身体柔软细长，触角细长，长有像空心针式的刺吸式口器，前翅发达窄长，后翅退化成平衡棒，飞行时发出声响。雄蚊一般寿命在 1～3 周；雌蚊平均能活一个多月，在水中产卵。雄蚊一般"吃素"，雌蚊以人畜的血液为食。能够传播多种疾病，严重危害着人们的健康。

【成语飞花】

蚊虻负山：比喻力量或能力小的人担负重任，难以让人信任。出自庄周《庄子·应帝王》。

蜗角蚊睫：形容极为狭小的境地。出自庾信《小园赋》。

鹪巢蚊睫：形容非常细微。出自《晏子春秋》。

一般而言，蚊子是靠吸食人畜血液生活的害虫。中国有300多种蚊子，其中有几十种严重威胁着人们的健康。李时珍曾经说过："蚊处处有之，冬蛰夏出，昼伏夜飞，细身利喙，咂人肤血，大为人害。"可以这样说，没有任何一个人可以永远免受蚊子的侵扰，夏天在院子里乘凉的时候，它们在你的周围嗡嗡飞舞，让你心烦意乱；晚上正沉浸梦乡的时候，它们又把锋利的吸管无情地刺进你的腿、胳膊甚至脸，让你奇痒难耐。有人曾经这样描写蚊子——"饱去樱桃重，饥来柳絮轻"，意思是说，饱食血液的蚊子就像沉甸甸的樱桃一样，饥饿的蚊子就像轻飘飘的柳絮一样。尽管把它们形容得如此美妙，仍然不能改变它们在人们心目中"饮人以偷生"的可恶形象。

如果仔细观察，你会发现雷雨前和闷热天气时蚊子特别多。蚊子的嗅觉器官特别发达，它们对酸味又特别喜欢，而在这样的天气里，人们的皮肤上通常会分泌出许多含有乳酸、氨基酸的化合物，这些化合物不能马上从皮肤上挥发，结果就招致了蚊子的到来。蚊子的嘴巴上带有各种传染病菌，当它们吸食血液的时候，就会把这些病菌滞留在伤口处，不仅使伤口红肿痛痒，而且给人们留下了潜在的疾病，有的甚至是致命性的疾病。据世界卫生组织统计，亚洲、非洲及中南美洲，每年都会有数亿人遭受蚊子所带疾病的困扰，其中有数百万人死于非命。有的专家指出，在人类历史上死于蚊虫传播疾病的人数大大超过了死于战争人数的总和。

西汉武帝时期，有个叫东方朔的人，他以聪明、诙谐著称。一次，一个姓郭的舍人告诉他说："东方先生，我给你出一个谜，你如果能够猜出来，我就脱下裤子让你打我的屁股。"东方朔一听挺好玩，就答应了。郭舍人说："这种东西从东方来，边飞边歌唱；有门它不走，偏要翻高墙；院中做游戏，而且进厅堂；即便打死它，主人已受伤。"东方朔听完，脑子里马上有了答案，回答说："这个东西长嘴巴细身躯，晚上干活白天休息，喜欢吃肉害怕烟雾，难逃厄运死于掌指，它的名字叫作蚊子。"郭舍人一看没有能够难倒东方朔，只好脱下裤子撅起屁股让他打。这个故事的可信程度并不值得深究，关键在于它生动有趣地把蚊子的特性勾勒了出来。

事实上，并不是所有的蚊子都依靠吸食人畜的血液生活，吸食血液的罪魁祸首只是雌蚊子。为什么会这样呢？难道说雄蚊子信仰某种宗教，有恻隐之心吗？原来这和它们的生理特点有关。众所周知，雌蚊子担负着产卵的重任，就像孕妇要不断补充营养一样，雌蚊子吸食血液的主要目的是补充体内的营养，这样它产下的卵才能发育成熟。雄性蚊子因为没有产卵任务，所以用不着吸血。而且，雄性蚊子的口器不发达，刺不进人的皮肤里去，只能靠吸取植物的汁液生活，有时也吸食花蜜和露水。所幸的是，雄蚊子吸食植物汁液的时候，并不损害植物。

蚊子出现在成语中的时候，总是一个不起眼的小角色，代表着弱小，如"蚊思负山"，比喻力量或能力虽然小却愿意担起重任。

古希腊有个著名的寓言家叫伊索，他曾经写过一篇《蚊子和狮子》的寓言。蚊子飞到狮子面前，对它说："我不怕你，你并不比我强。要说不是这样，你到底有什么力量呢？是用爪子抓、牙齿咬吗？女人同男人打架，也会这么干。我比你强得多，你如果愿意的话，我们可以来较量一下！"说完，蚊子吹着喇叭冲了过去，朝着狮子脸上没有毛的地方猛咬。狮子气得用爪子把自己的脸都抓破了。蚊子战胜了狮子，吹着喇叭、唱着凯歌飞走了，没想到却被蜘蛛网粘住了。蚊子将要被蜘蛛吃掉时，叹息说："自己同最强大的动物都较量过，不料被这小小的蜘蛛消灭了。"那些取得一些成绩就自鸣得意的人似乎应该从这个寓言中吸取一些教训!

　　在《二十四孝》里，有一个《恣蚊饱血》的故事，故事的主人公叫吴猛。吴猛从小就非常孝顺父母，因为家里穷，买不起蚊帐，夏天的时候，一到傍晚蚊子就成群结队的。我们很多人都经历过这种情况，蚊子嗡嗡嗡地叫着，使人难以入眠，再时不时地在身上来那么一两下，痒得钻心，说不出的难受。我们今天有电蚊香之类的驱蚊用品，不用自己驱赶。吴猛没有这些东西，可是他照样不去赶，任凭蚊子叮咬自己。原来，他是害怕蚊子从自己身上飞走，去叮咬爸爸妈妈。爸爸妈妈劳累一天了，得让他们睡个踏实觉。于是吴猛想了个办法，每天夜里，自己就光着身子睡在父母身旁。小孩子细皮嫩肉的，蚊子咬起来不费劲，所以都不约而同向吴猛展开攻击。即使自己沦陷了，吴猛也忍着，因为只有让蚊子在自己身上吃饱喝足，它们才会放过父母。吴猛当时才八岁，他的想法很天真，甚至天真得可笑，但又有谁能笑得出来呢? 因为这个可笑的行为背后，是一颗纯净的童心。

蝇头细书

用蝇头那样的小字书写，形容抄写工整认真。

【出处】

出自李延寿《南史·萧钧传》："殿下^①家自有坟素^②，复何须^③蝇头细书，别藏巾箱^④中？"

①殿下：古代臣下对王子的称呼，这里指南朝齐高帝萧道成的第十一个儿子萧钧。萧钧字宣礼，博学多才，读书时为防止内容遗忘，常用小字抄写所学内容并收藏起来；曾任江州刺史、左卫将军、中书令。

②坟素：泛指古代典籍。

③复何须：又何必。

④巾箱：放手帕的小箱子。

【小档案】

蝇，昆虫纲，双翅目，蝇科。种类繁多，全世界有1万多种，中国有1600多种。身体小巧，飞行迅速，复眼发达，嗅觉灵敏。它们是许多疾病的罪魁祸首，身上能够携带几十种病菌，病菌数量甚至能够达几亿个，严重危害着人类的健康。

【成语飞花】

蝇营狗苟：像苍蝇那样到处飞舞逐臭，像狗那样谄媚无耻、苟且偷生。比喻为追求名利不择手段，不顾廉耻。出自韩愈《送穷文》。

以肉驱蝇：比喻行为和目的自相矛盾，只能得到相反的结果。出自张居正《答南学院周乾明》。

没头苍蝇：比喻乱闯乱碰的人。出自俞万春《荡寇志》。

苍蝇是招致人们讨厌的昆虫，它们飞动时发出的嗡嗡声不仅能够使我们心烦意乱，而且足以降低我们的食欲。苍蝇的种类很多，有一种吸血蝇专门吸食人和动物的血液，令人痛痒难忍，严重危害着人畜的健康。虽然我们所常见的苍蝇是不吸食人血的，但它们同样令人厌恶，因为它们可以传播疾病，如伤寒、痢疾、霍乱、结核等，因此，中华人民共和国成立之初，蝇子曾被列为"四害"之一，遭到了全民性的攻击。

自古以来，苍蝇就是中国人心目中的反面角色。宋朝的欧阳修曾在《憎苍蝇赋》中对它们表示了深恶痛绝，夏天打扰人们休息，席间降低人们食欲，平时浸渍人们食物，东西虽小危害却大！汉朝的班固和焦延寿更是把追逐名利的小人比喻成聚集在腐肉上的青蝇。人们在文学作品中对苍蝇表达了厌恶之情，其实在成语中它们仍然不是可爱的对象。"营蝇斐锦"比喻谗人颠倒黑白，诽谤诬陷；"蜗名蝇利"比喻微不足道的虚名小利；"蝇随骥尾"比喻依附于贤能或有名望的人，一定能够得到好处；"蝇头微利"比喻微小的利益；"蝇声蛙噪"比喻低劣的、无病呻吟的诗文；"蝇粪点玉"比喻完美的事物遭到玷污或正直的人遭到谗人的诽谤污蔑；"苍蝇见血"比喻极端贪婪；"青蝇吊客"指生前没有知己的人，死后只有青蝇来凭吊；"如蝇逐臭"指像苍蝇那样追逐臭味，比喻趋利忘义，追求不正当的事物；"青蝇点素"比喻奸人进谗言诬陷忠良。

事实上，这个世界上任何一种东西的存在都是有它的道理的，所以苍蝇也并不是一无是处。苍蝇的嗅觉可以说登峰造极，它们可以嗅到微乎其微的味道，受这个特点的启发，科学家们研制出了灵敏的气体分析仪器；苍蝇脑袋上的大眼睛其实是由数以千计的小眼睛组成的，受这个特点的启发，科学家们研制出了蝇眼照相机，一次可以拍摄上千张照片。我们知道苍蝇是许多疾病的传播载体，在它们的身上携带着数量惊人的病菌，但它们自己却安然无恙，这无疑是值得人们钻研的一个奥秘。

据文献记载，苍蝇在侦破案情方面还立下过巨大的功劳。《益部耆旧传》中说，严遵在任扬州刺史时，一次出去巡视途中发现一个女子在路边哭泣，但看上去那个女子好像并不十分悲痛。严遵派人询问缘由，女子回答说丈夫被火烧死了。严遵听后更是感到纳闷，死了丈夫对于一个女子来说不亚于天塌地陷，但这个女子为什么不悲痛呢？严遵派人把当地的官吏找来，命令他派人看守女子丈夫的尸体。过了几天，严遵问看守尸体的官吏说："这些天你有没有发现什么东西不请自来？"官吏回答说："只有一些苍蝇飞来聚集在尸体的头部。"严遵赶紧到现场查看，发现尸体的头部插着一个铁锥，于是把女子抓来拷问，女子见没有办法抵赖，只好把自己因为和别人有私情而害死丈夫的事情全盘交代了。

苍蝇竟然还是消息的传播者，不可思议吧？这是一个和前秦苻坚有关的故事，叫《青蝇报赦》。苻坚篡夺帝位第五年，有凤凰聚集在长安的东门，苻坚认为这是祥瑞之兆，因此决定对一些囚犯实行大赦。于是他找来王猛、苻融秘密商量，苻坚亲自撰写赦文，整个密室中只有他们三人。在撰写赦文的过程中，一只大苍蝇从窗户飞了进来，发出嗡嗡的声响，落在笔尖上，赶走它又飞回来。不大一会儿，长安城的人就开始奔走相告了："皇帝要大赦了。"各官府衙门都还没有接到消息呢，自然不相信，就报告给了苻坚。

苻坚大吃一惊，赦文还没有发呢，整个密室就三个人，这是谁把消息散播出去的？简直邪了门了！于是责令相关部门，严查此事。一查，有人说了，有一个穿黑衣服的小个子，在市场上大声呼喊说："要大赦了。"苻坚一想，小黑个子，明白了，应该就是那只苍蝇！怪不得它的叫声和一般的苍蝇不一样呢。看来，要想人不知，除非己莫为，这事情还没干呢，消息就传出去了。你自己认为是秘密，哪里有秘密可言啊！

苍蝇的嗅觉非常灵敏，一旦闻到人体的气味就执着地追逐着纠缠不休，可是几乎没有一个人对苍蝇这样执着追逐的精神表示喜欢。或许大家不知道，苍蝇这种执着的行为背后还有一个动人而又悲戚的故事：古希腊有一个传说，苍蝇原来是个美丽多情的少女，名字叫作默娅。默娅爱上了恩特米亚，但恩特米亚是月神的情人。默娅无时无刻不在向自己的爱人诉说着爱慕之情，结果惹恼了月神。月神把默娅变成了苍蝇。苍蝇虽然有一双大眼睛，但视力却差得不可能再看到恩特米亚。即便如此，变成苍蝇的默娅仍然痴心不改，它在靠自己的嗅觉闻着人们身体散发出的气味，一旦发现有人像恩特米亚，便疯狂地追逐着，嗡嗡地诉说着自己的爱慕之情。

再来说一个《误笔成蝇》的故事吧，出自《三国志·吴书·赵达传》。曹不兴是吴国吴兴人，擅长绘画，尤其在画人物、龙、虎、马方面成就高，画得栩栩如生。当然了，在花鸟虫鱼方面，也是一把好手。有一次，孙权让曹不兴画屏风，曹不兴不小心把墨点滴在了画绢上。大家都为曹不兴捏了一把汗，没想到曹不兴灵机一动，将错就错，把这墨点画成了一只苍蝇。屏风画好后，孙权过来欣赏，看到上面趴着一只苍蝇，于是用手驱赶，结果就是不飞，孙权这才发现，原来是只假的。

蜂目豺声

形容一个人面貌凶恶，声音可怕。

【出处】

出自《左传·文公元年》："且①是人②也，蜂目而豺声③，忍人④也，不可立⑤也。"

①且：再说，况且。

②是人：这个人，这里指楚成王的儿子商臣。

③蜂目而豺声：有蜂一样的眼睛、豺狼一样的声音。

④忍人：性格残忍的人。

⑤不可立：不可立为太子。这番话是楚成王向令尹子上征询立商臣为太子时，子上的看法。

【小档案】

蜜蜂，昆虫纲，膜翅目，蜜蜂科。营群居生活，分工细密，有蜂王、雄蜂和工蜂三类；常见的为工蜂，体长11～12毫米，一生分为四个阶段，即卵、幼虫、蛹、成虫。身上有很多褐色细毛，头部与躯干有明显分隔，头部两侧有复眼一对，复眼内侧有屈膝状触角。腹部有两对前后翅，善飞翔，每分钟振翅约200次。

【成语飞花】

蜂拥而起：像蜜蜂一样成群飞起，形容许多人一哄而起。出自司马迁《史记·项羽本纪》。

剔蝎撩蜂：比喻惹是生非。出自纪君祥《赵氏孤儿》。

狂蜂浪蝶：比喻轻薄放荡的男子。出自凌濛初《初刻拍案惊奇》。

蜜蜂是一种非常常见而又十分神奇的昆虫，我们权且不说它在万花丛中劳碌而不会迷失回家道路的本领，单是它们内部有条不紊的社会分工就足以让人叫绝。一个有成千上万蜜蜂的蜂群中，总是有母蜂、雄蜂和工蜂。母蜂和雄蜂的职责就是专门繁育后代，但是一个蜂群中只有一只母蜂，这有点儿像人们常说的"一山容不下二虎"。母蜂一生中只交配一次，但一次却可以获得千万个精子，所以一些雄蜂和母蜂交配后也便走完了自己的生命历程。任何一个蜂巢中的工蜂数量都是最多的，它们生来就是为大家服务的，它们不仅担负着供养母蜂、照顾幼蜂的重任，而且还要修筑蜂巢、外出采蜜、抵御外敌入侵。

盛夏时节，万花丛中，总是能够见到蜜蜂忙碌的身影。鲁迅先生曾经从这个最普通的场景中得到这样的启示："学习必须像蜜蜂一样，采过许多花，这才能酿出蜜来，倘若叮在一处，所得就非常有限。"但是，勤劳的蜜蜂怎么也没有想到善于想象的人们把它们勤劳的举动赋予了别的含义。人们习惯用花去形容婀娜多姿的女性，于是万花丛中的蜜蜂就成了追逐女色的男子；而它们在花丛中不停地忙碌却被正人君子们看成了男子对于女子的轻薄。于是"招蜂引蝶"用来比喻逗引异性；"蜂狂蝶乱"用来形容男女间行为放荡；"蜂迷蝶猜"用来比喻男子对女子的思慕。

蜜蜂所建造出来的蜂巢完美而实用，曾经引起过许多科学家的关注，比如我国的数学家华罗庚先生还专门研究过蜂巢结构的数学问题。蜜蜂的神奇还表现在它们不仅是杰出的建筑师，而且是优秀的舞蹈家。蜜蜂不像人类那样主要靠有声语言进行交流，而是靠变化多端的舞姿传递信息，比如反映蜜源的情况大致有这样几种情形：蜜源在附近则就地旋转，跳圆圈舞；蜜源比较远，就跳"8"字舞；蜜源背着太阳时则头向下；蜜源对着太阳时则头向上；蜜源又多又好时则跳舞时间长，节奏快。

恐怕任何一个和蜜蜂打过交道的人都领教过它们的厉害，我们通常用"狼猛蜂毒"形容人凶狠毒辣，恐怕便是经验总结。的确，无论是蜜蜂还是胡蜂，它们的尾部都有毒刺，那是它们的防身武器，一旦遇到侵犯，它们就会把毒刺插入敌人的体内，纵使牺牲自己的生命也在所不惜。散文家秦牧曾经在《花蜜与蜂刺》这篇散文中介绍说，偷吃蜂蜜的黑熊也能够被蜜蜂蜇得狼狈逃窜；碰倒蜂箱的马竟然被蜂群活活蜇死。看来，说"蜂毒"并不算是对它们的诋毁。可能也是这样的原因，人们才用"稷蜂社鼠"来比喻仗势作恶而又难以除掉的坏人。

古人把眼睛像胡蜂一样的人归入残忍者的行列，《左传》中记载着这样一个故事。楚成王想把自己的儿子商臣立为太子，令尹子上以商臣"蜂目而豺声"表示反对，但楚成王没有采纳子上的意见。后来，成王又想废除商臣，另立公子职为太子，被商臣得知真相。商臣在老师潘崇的劝说下带人围攻楚成王。当时楚成王正在吃熊掌，恳求商臣让自己把熊掌吃完，被商臣拒绝了，最终楚成王无奈上吊自杀。

和蜂有关的成语还有"蛾附蜂屯"形容纷纭杂乱；"蜂出泉流"指像群蜂倾巢，如泉水涌流，形容一时并作；"蜂房蚁穴"比喻各自占据一方；"蜂腰猿背"形容轻盈俊俏；"鼠窜蜂逝"形容纷纷跑散。

堤溃蚁穴

堤坝因为蚂蚁洞而决口，比喻平时不注意一些细小问题或小祸害，时间长了就会酿成大灾难。

【出处】

出自范晔《后汉书·陈忠传》："臣闻轻者重之端[①]，小者大之源[②]，故堤溃[③]蚁孔，气泄针芒[④]。"

①端：开头。

②源：源头。

③溃：决堤，决口。

④针芒：针尖。

【小档案】

蚂蚁，昆虫纲，膜翅目，蚁科。除了非常寒冷的地区之外，几乎遍布世界各地。体形微小，营群居生活，喜欢在地表裸露、土壤松软的地方营巢。蚁后体形最大，生殖能力很强，而且生有翅膀，能够在天空飞翔，它主宰着蚁群的一切；雄蚁的职责就是和蚁后进行交配；兵蚁一般是不能生育的雌蚂蚁，专职负责家园的安全问题；工蚁在任何一个蚁群中数量都是最多的，它们是家庭里的劳动力，负责寻找食物、伺候蚁后、喂养幼蚁、建造蚁穴等。

【成语飞花】

以肉去蚁：用肉驱赶蚂蚁，蚂蚁越多。比喻行为和目的自相矛盾，只能得到相反的结果。出自韩非子《韩非子·外储说左下》。

如蚁慕膻：像蚂蚁趋附羊肉一般。比喻趋炎附势或追逐名利的行为。出自庄周《庄子·徐无鬼》。

热锅上的蚂蚁：形容人心里烦躁、焦急，坐立不安的样子。出自李宝嘉《官场现形记》。

蚂蚁是我们最常见的小昆虫，是蚁科昆虫的统称，种类繁多，除了非常寒冷的地区之外，可以说处处都有它们的家园。明朝李时珍在他的《本草纲目》中把蚂蚁的种类、生活习性等作了概括性的说明，尤其"处处有之""穴居卵生""其行有队""春出冬蛰"概括得很准确。李时珍在他的专著中还提到了一点，就是"其居有等"，意思是说蚂蚁是一个有组织、有等级的群体。不错，蚂蚁过着群居生活，这个群体里面有蚁后、雄蚁、兵蚁和工蚁。我们往往惊叹蜜蜂组织的严密，蚂蚁的家庭组织和蜜蜂相比只能是有过之而无不及。

鲁迅先生小的时候曾经幻想过到蚂蚁的洞穴里参观，但那只是幻想而已。到蚂蚁洞中做客只能出现在故事里，比如唐朝作家李公佐就曾经写过一部小说，叫《南柯太守传》，主人公淳于棼在梦中不仅成了蚂蚁王国的座上客，而且做了驸马，生儿育女，官至太守。后来，淳于棼梦醒后根据梦中的情境发掘了蚁穴，发现了其中的奥妙，蚁穴不仅宽敞明亮，而且城郭台殿、土城小楼样样俱全。我们常用"蜂窠蚁穴"来比喻占据的地方非常狭小。事实上，复杂的蚁穴规模宏大，隧道曲折，四通八达，不仅有供蚁后居住的王宫，而且有育婴室、仓库和工蚁的宿舍及休息室。据说，一个拥有上百万只蚂蚁的群体，它们所居住的地方要被挖出 8 万斤的泥土，这对于体形幼小的蚂蚁来说，简直是一个不敢想象的数字。

古人还把蚂蚁叫作玄驹。我们知道,玄是黑色的意思,驹是小马的意思,"玄驹"就是指黑色的小马。古人为什么会这样称呼蚂蚁呢? 这里还有一个动人的故事。《琅嬛记》中说,有一个书生,和邻居家的女子互有好感。虽然和女子的卧室只有一墙之隔,但是出于传统礼节的限制而不能接近。书生越想越生气,就借酒浇愁,结果喝醉了,趴在桌子上呼呼大睡。人们常说,日有所思夜有所梦,书生刚入睡就做了一个梦。他梦见自己骑着一匹小黑马驹进入了墙壁的缝中,而且墙壁仍旧是那么宽,自己所乘的小马也没有变小。就这样,他进入了自己朝思暮想的女子的闺房,和女子约会了好长时间,然后又骑着那匹小黑马从墙壁的缝隙里离开了。这时,书生从梦中醒来,觉得梦很怪,就查看墙壁,结果发现墙壁的缝隙里有一只大蚂蚁。从此,蚂蚁就有了玄驹的名字。

蚂蚁有时成为我们嘲笑的对象,比如成语中比喻竞逐名利的"白蚁争穴";形容人像蜜蜂和蚂蚁一样杂乱地聚集在一起的"蜂屯蚁聚";比喻人虽然众多,但起不了大作用的"蜂扇蚁聚";比喻乌合之众的"蜂营蚁队";比喻很多人迎合投靠的"蜂趋蚁附";比喻人群纷纷集结的"猬结蚁聚";比喻用非常小的地方自主独立的"蚁穴自封";形容众多的人聚集在一起的"云屯蚁聚"。这些成语几乎都含有贬义的成分。唐朝大诗人韩愈还写出了"蚍蜉撼大树,可笑不自量"的名句,对蚂蚁不知进退的盲目性进行了极力的嘲讽。但是,假如我们换一个角度去看的话,或许会被这种小小的生灵所感动。一只小小的蚂蚁是成就不了什么大事情的,但"蚁聚"却可以建造出令人惊叹的府邸,这难道不是一种值得人们学习的团结协作精神吗? 它们还能够举起是自身体重400倍的东西,托运是自身体重1700倍的东西。换句话说,"蚍蜉撼大树"的行为固然可笑,但这可笑的背后难道不是敢于挑战困难的不服输的精神吗?

我们来了解两个故事《群蚁观鳌》《群蚁萃木》,先了解《群蚁观鳌》。东海里有一只巨鳌顶着蓬莱仙山,这只巨鳌有时冲上云霄,有时沉入海底。陆地上有一只蚂蚁听说了,就邀请了很多蚂蚁一起到东海边观看巨鳌的壮举。它们等了一个多月，总算见到了海风鼓荡的壮举，大海上波涛翻滚，发出雷鸣般的声响，蚂蚁们喊道："看来巨鳌是要出来了。"几天之后，大海上又恢复了平静，只见水面上慢慢升起了一座高山，这群蚂蚁伸着脑袋看了一会儿，窃窃私语道："这和我们头上顶个米粒有什么区别呢？我们还是回洞里歇息吧。要是早知道这样，何必跑这么远来看呢！"看来目空一切是不会有什么收获的！

再说《群蚁萃木》，它出自刘伯温的《郁离子》。在南山的一个拐角处，有一块朽木，上面聚集了很多蚂蚁。它们在上面打洞做窝，生活得不亦乐乎。木头慢慢地腐烂了，可是蚂蚁却越聚越多。一天，也不知从哪里传来一阵野火，木头上的蚂蚁乱成了一锅粥，南边的往北边跑，北边的往南边跑，见都不能躲避，就争先恐后向没烧着的地方跑。但是，安全是暂时的，水火无情，顷刻之间，朽木就全部化为了灰烬。当然，还有那些住在朽木上的蚂蚁！蚂蚁虽小，道理很大，它们用血的教训告诉人们，要学会居安思危！

螳臂当车

用螳臂阻挡车轮前进，比喻自不量力。

【出处】

出自庄周《庄子·人间世》："汝^①不知夫^②螳螂乎^③？怒其臂以当车辙，不知其不胜任也。"

①汝：第二人称代词，相当于现代汉语中的你。

②夫：那。

③乎：疑问语气词，相当于现代汉语中的吗。

【小档案】

螳螂，昆虫纲，螳螂目，螳螂科。全世界共有2200多种，我国已知的有110多种，其中最为常见的是中华螳螂和广腹螳螂。头较小，呈三角形，转侧活动自由。触角像细线。口器咀嚼式，硬利，多为绿色或褐色。双翅薄如轻纱，淡绿色。六足，前足膨大似刀。动作敏捷。喜阴怕热，常栖息于杂草或树木上。

【成语飞花】

螳螂之卫：比喻微弱的兵备。出自左思《魏都赋》。

螳螂捕蝉，黄雀在后：比喻目光短浅，只见眼前利益而不顾后患。出自庄周《庄子·山木》。

鹤势螂形：腰肢纤袅，体态轻盈。出自曹雪芹《红楼梦》第四十九回。

螳螂是一种古老而低级的原始类昆虫。凡是知道"螳臂当车"这个成语的人们都清楚地了解，螳螂在大家的心目中是一个狂妄的形象，它们的愚蠢程度不亚于妄图摇动大树的蚂蚁。甚至在其他场合它们也充当着弱者或被贬低的角色，比如"螳螂之卫"形容兵备微弱；"螳螂捕蝉，黄雀在后"比喻目光短浅，只见眼前利益而不顾后患。如果仔细观察的话，你会发现螳螂的形体端庄优雅，所以我们用"鹤势螂形"来形容一个人腰肢纤袅，体态轻盈。特别是螳螂的一对前足，像镰刀一样，捕捉昆虫的时候高高举起，一副祈祷的样子，因此一些国家把它们叫作"虔诚的信女"或"祈祷者"。

螳螂是庄稼和蔬菜的朋友，因为它们是许多昆虫的天敌。我们从"螳螂捕蝉"这个成语中知道蝉是螳螂的食物，另外像蝴蝶、苍蝇、蝗虫、蚱蜢等，也可以成为螳螂的美餐；据说，雄螳螂在和雌螳螂完成交配授精后，经常会被雌螳螂咬死。螳螂的颜色和它们生活环境的颜色相近，所以不容易被发现，这样也有利于它们捕捉食物。通常情况下，它们会利用自己体色的特点作为掩护，整天蹲伏在某一个地方静静地等待着猎物的到来，这种捕捉食物的方法有点儿像战争片中的伏击战，又像成语"守株待兔"中的情形。法国著名的昆虫学家法布尔曾经写过一本《昆虫记》，其中详细描述了螳螂捕捉蝗虫的过程。

有时候，我们为了达到自己的目的，在表达意思的时候往往采取断章取义的方法，而这种方法却使我们不能了解事情的真相，从而改变对某种事物应有的正确看法，比如对于螳螂就是这样。事实上，庄子在他的书中关于螳螂的表述"不知其不胜任也"并不是结束语，下面的文字是"是才之美者也"，意思是说，螳螂的勇气还是值得钦佩的。这样来看，螳螂便从一个狂妄自大的愚蠢形象变成了知难而进的勇猛者形象，成了人们赞扬的对象。

　　善于观察的人们经常能够从自己身边所发生的微小事情上，得到很大的启发，比如螳螂就曾经在古代鼓舞过士气。春秋时期，中国大地上有许多诸侯国，其中一个诸侯国叫齐国，这个国家的国君齐庄公喜欢打猎。一天，齐庄公在打猎的路途中发现了一个奇怪的事情，一只昆虫高高举起它的前腿，想要阻止车队前进的道路。齐庄公感到新奇，就命令停下车来，并询问车夫这是什么昆虫，车夫回答说是螳螂。齐庄公看着螳螂自言自语地说：“一只小小的螳螂竟敢用自己细弱的手臂阻挡我的车轮，真是勇敢得很啊！”车夫说：“大王，这种昆虫不自量力，总是高估自己的能力，只知道前进而不知道后退，所以充其量是一个轻敌的傻瓜罢了。”齐庄公不同意车夫的意见，说：“如果我的将士们也具有螳螂的勇气，那么我们的军队一定会更加英勇有力，战无不胜了。”钦佩之余，齐庄公命令车夫绕开这只愤怒的螳螂继续前进。在齐庄公的眼里，这只阻挡他前进的昆虫已经不仅仅是螳螂了，在它的身上充满了不怕牺牲的精神，是一个洋溢着威武阳刚之气的勇士。

　　还有一个表现螳螂勇猛的故事，这个故事出自蒲松龄的《聊斋志异》。有一个姓张的人一次在山谷中行走，突然听到山顶上传来巨大的响声，他觉得奇怪，就顺着一条小路登上山顶偷看。原来有一条碗口粗细的大蛇正在树丛中痛苦地摇摆挣扎，不停地用尾巴摔打着旁边的树干，以至于那些被摔打的树木纷纷折断。看这条大蛇翻滚的样子，应该是有什么东西在捉弄它，但那个张姓的行人仔细搜寻后仍然没有发现任何东西，他心里十分疑惑。为了解开心中的疑团，他慢慢地靠近痛苦挣扎的大蛇，这时他才发现一只螳螂正牢牢地趴在蛇的头顶上，用刺刀一样的前足死死抓住不放，任由蛇怎么扑摆也不下来。过了好长时间，大蛇竟然筋疲力尽地死去，再看它的头，皮肉早已经裂开了。

主要参考书目

（依出版时间为序）

《韩昌黎全集》，韩愈著，中国书店 1935 年版。

《〈文心雕龙〉注》，刘勰著，范文澜注，人民文学出版社 1958 年版。

《史记》，司马迁著，中华书局 1959 年版。

《三国志》，陈寿著，中华书局 1959 年版。

《全唐诗》，彭定求等编，中华书局 1960 年版。

《太平广记》，李昉等编，中华书局 1961 年版。

《汉书》，班固著，中华书局 1962 年版。

《后汉书》，范晔著，中华书局 1965 年版。

《北史》，李延寿著，中华书局 1974 年版。

《晋书》，房玄龄等著，中华书局 1974 年版。

《新五代史》，欧阳修著，中华书局 1974 年版。

《新唐书》，欧阳修、宋祁等著，中华书局 1975 年版。

《旧唐书》，刘昫等著，中华书局 1975 年版。

《列子集释》，杨伯峻著，中华书局 1979 年版。

《杜诗详注》，杜甫著，仇兆鳌注，中华书局 1979 年版。

《柳宗元集》，柳宗元著，中华书局 1979 年版。

《酉阳杂俎》，段成式著，中华书局 1981 年版。

《宋史》，脱脱等著，中华书局 1985 年版。

《荀子集解》，荀子著，王先谦集解，上海书店出版社 1986 年版。

《吕氏春秋》，吕不韦等著，上海书店出版社1986年版。

《管子校正》，管仲著，戴望校正，上海书店出版社1986年版。

《淮南子注》，刘安著，高诱注，上海书店出版社1986年版。

《韩非子》，韩非著，上海书店出版社1986年版。

《抱朴子》，葛洪著，上海书店出版社1986年版。

《颜氏家训集解》，颜之推著，王利器集解，中华书局1993年版。

《庄子集释》，庄子著，郭庆藩集释，中华书局1997年版。

《周易注疏》，孔颖达等著，中华书局1998年版。

《礼记注疏》，孔颖达等著，中华书局1998年版。

《毛诗注疏》，孔颖达等著，中华书局1998年版。

《春秋左传注疏》，孔颖达等著，中华书局1998年版。

《论语注疏》，邢昺等著，中华书局1998年版。

《尔雅注疏》，邢昺等著，中华书局1998年版。

《孟子注疏》，孙奭等著，中华书局1998年版。

《中华成语典故辞海》，林之满、于永玉主编，中国戏剧出版社2002年版。

《世说新语校笺》，刘义庆著，杨勇校笺，中华书局2006年版。

《白居易诗集校注》，白居易著，谢思炜校注，中华书局2006年版。

后　记

今天收到一条微信，海燕出版社韩青老师发来的："王老师您好，《白猿时见攀高树——宋词中的动物》有《前言》《后记》，《凤鸣朝阳——成语中的动物》没有《前言》《后记》？确定吧？"我赶紧回复："有，还没写呢。我没想到会这么急开工，当时给我说'一本一本出的'，着急了？"

是这么回事：早在十几年前应某出版社之约写了两本小书，一本是关于宋词动物的，另一本是关于成语动物的，后来因为某种原因没有出版。2020 年底，新任海燕出版社总编李喜婷女士和我联系聊起出版图书事宜，我顺便说了一下这两本尘封的书稿，没想到引起她的兴趣。接下来和社里的李道魁先生见了面，他也表示很符合海燕社的定位，于是一拍即合。

说真的，最初写这本小书，并没有什么高远的目标，什么传播传统文化、服务中小学教育之类的，脑子里没想过，就是完成出版社的约稿挣点稿费缓解一下生活压力。可是等稿子放了这么多年再拿出来，感觉不一样了，自己从教这么多年，多了一份责任感，总想用合适的方式把自己知道的东西传播给更多的人，更关键的是正好符合当下的文化大环境。

在这种情况下，我又把稿子从头到尾细细过了一遍，对不少篇目进行了一定程度的修改，尽可能从自己的角度少些遗憾。再者，考虑到是给孩子们看的，趣味性不可少，于是尽可能增加趣味性强的内容，希望孩子们能够在快乐中有所收获。但在修订稿子的过程中还是有些遗憾，稿子最初写的时候，我的孩子刚刚两岁多，爱听我讲故事，于是我就把稿子里的故事讲给孩子听，语气自然也会不自觉地有所注意，甚至拿腔捏调，然后回到单位再根据孩子的反应调整语言。现在不一样了，孩子大了，没人听了，只能尽可能靠近曾经的语言风格，所以心里总是没有那么自信。

原来说这本"成语动物"和另一本"宋词动物"分开出，先出"宋词动物"，我也在 2021 年春节前把稿子给了出版社。根据我的微信记录，这个稿子是 2022 年 3 月 3 日夜里 10 点 16 分发给学武的，当时还留了一句话："《序》或《前言》，以及《后记》我回头再写，你们先工作吧。"之所以这样说，是因为前一个稿子一年多了，按照进度这一本可以进入工作计划了。但是当我看到设计的封面是两本书时，才知道要放到一起出，真是因为自己的迟钝影响了社里的工作，挺不好意思的！

在和海燕社的编辑老师交流的过程中，我见识了他们的认真负责，哪怕是一个数据，他们也要弄清楚，一定要找到根据，绝不说空话。遗憾的是十几年前的稿子，当年的参考书都不知丢到了哪里，这为编辑老师增添了不少工作量。另外，关于封面设计，也是反复和我交流意见，表现出对作者足够的尊重。

希望这本书没有辜负出版社的青睐！更让读者小朋友有一定的收获！

王士祥

2023 年 1 月